VORWORT

I0151191

Die Sammlung "Alles wird gut!" von T&P Books ist für Menschen, die für Tourismus und Geschäftsreisen ins Ausland reisen. Die Sprachführer beinhalten, was am wichtigsten ist - die Grundlagen für eine grundlegende Kommunikation. Dies ist eine unverzichtbare Reihe von Sätzen um zu "überleben", während Sie im Ausland sind.

Dieser Sprachführer wird Ihnen in den meisten Fällen helfen, in denen Sie etwas fragen müssen, Richtungsangaben benötigen, wissen wollen wie viel etwas kostet usw. Es kann auch schwierige Kommunikationssituationen lösen, bei denen Gesten einfach nicht hilfreich sind.

Dieses Buch beinhaltet viele Sätze, die nach den wichtigsten Themen gruppiert wurden. Die Ausgabe enthält auch einen kleinen Wortschatz, der etwa 3.000 der am häufigsten verwendeten Wörter enthält. Ein weiterer Abschnitt des Sprachführers bietet ein gastronomisches Wörterbuch, das Ihnen helfen könnte, Essen in einem Restaurant zu bestellen oder Lebensmittel in einem Lebensmittelladen zu kaufen.

Nehmen Sie den "Alles wird gut" Sprachführer mit Ihnen auf die Reise und Sie werden einen unersetzlichen Begleiter haben, der Ihnen helfen wird, Ihren Weg aus jeder Situation zu finden und Ihnen beibringen wird keine Angst beim Sprechen mit Ausländern zu haben.

INHALTSVERZEICHNIS

Aussprache   5
Liste der Abkürzungen   6
Sprachführer Deutsch-Bulgarisch   7
Thematischer Wortschatz   73
Gastronomisches Wörterbuch   195

T&P Books Publishing

Reisesprachführersammlung
"Alles wird gut!"

SPRACHFÜHRER

- BULGARISCH -

Andrey Taranov

Die nützlichsten Wörter und Sätze

Dieser Sprachführer beinhaltet die häufigsten Sätze und Fragen, die für die grundlegende Kommunikation mit Ausländern benötigt wird

T&P BOOKS

Sprachführer + Wörterbuch mit 3000 Wörtern

Sprachführer Deutsch-Bulgarisch und thematischer Wortschatz mit 3000 Wörtern

Von Andrey Taranov

Die Sammlung "Alles wird gut!" von T&P Books ist für Menschen, die für Tourismus und Geschäftsreisen ins Ausland reisen. Die Sprachführer beinhalten, was am wichtigsten ist - die Grundlagen für eine grundlegende Kommunikation. Dies ist eine unverzichtbare Reihe von Sätzen um zu "überleben", während Sie im Ausland sind.

Dieses Buch beinhaltet auch ein kleines Vokabular mit etwa 3000, am häufigsten verwendeten Wörtern. Ein weiterer Abschnitt des Sprachführers bietet ein gastronomisches Wörterbuch, das Ihnen helfen kann, Essen in einem Restaurant zu bestellen oder Lebensmittel im Lebensmittelladen zu kaufen.

Copyright © 2019 T&P Books Publishing

Alle Rechte vorbehalten. Auszüge dieses Buches dürfen nicht ohne schriftliche Erlaubnis des Herausgebers abgedruckt oder mit anderen elektronischen oder mechanischen Mitteln, einschließlich Photokopierung, Aufzeichnung oder durch Informationsspeicherung- und Rückgewinnungssysteme, oder in irgendeiner anderen Form verwendet werden.

T&P Books Publishing
www.tpbooks.com

ISBN: 978-1-78492-510-9

Dieses Buch ist auch im E-Book Format erhältlich.
Besuchen Sie uns auch auf www.tpbooks.com oder auf einer der bedeutenden Buchhandlungen online.

AUSSPRACHE

T&P phonetisches Alphabet	Bulgarisch Beispiel	Deutsch Beispiel
[a]	сладък [sládək]	schwarz
[e]	череша [ʧeréʃa]	Pferde
[i]	килим [kilím]	ihr, finden
[o]	отломка [otlómka]	orange
[u]	улуча [ulúʧa]	kurz
[ə]	въже [vəʒé]	Das Schwa, ein unbetontes 'e'
[ja], [ˈa]	вечеря [veʧérⁱa]	Jacke
[ˈu]	ключ [klʲuʧ]	Verzeihung
[ˈo]	фризьор [frizⁱór]	Jordanien
[ja], [ˈa]	история [istórija]	Jacke
[b]	събота [sébota]	Brille
[d]	пладне [pládne]	Detektiv
[f]	парфюм [parfⁱúm]	fünf
[g]	гараж [garáʒ]	gelb
[ʒ]	мрежа [mréʒa]	Regisseur
[j]	двубой [dvubój]	Jacke
[h]	храбър [hrábər]	brauchbar
[k]	колело [koleló]	Kalender
[l]	паралел [paralél]	Juli
[m]	мяукам [mⁱaúkam]	Mitte
[n]	фонтан [fontán]	nicht
[p]	пушек [púʃek]	Polizei
[r]	крепост [krépost]	richtig
[s]	каса [kása]	sein
[t]	тютюн [tⁱutⁱún]	still
[v]	завивам [zavívam]	November
[ts]	църква [tsérkva]	Gesetz
[ʃ]	шапка [ʃápka]	Chance
[ʧ]	чорапи [ʧorápi]	Matsch
[w]	уиски [wíski]	schwanger
[z]	зарзават [zarzavát]	sein

LISTE DER ABKÜRZUNGEN

Deutsch. Abkürzungen

Adj	-	Adjektiv
Adv	-	Adverb
Amtsspr.	-	Amtssprache
f	-	Femininum
f, n	-	Femininum, Neutrum
Fem.	-	Femininum
m	-	Maskulinum
m, f	-	Maskulinum, Femininum
m, n	-	Maskulinum, Neutrum
Mask.	-	Maskulinum
n	-	Neutrum
pl	-	Plural
Sg.	-	Singular
ugs.	-	umgangssprachlich
unzähl.	-	unzählbar
usw.	-	und so weiter
v mod	-	Modalverb
vi	-	intransitives Verb
vi, vt	-	intransitives, transitives Verb
vt	-	transitives Verb
zähl.	-	zählbar
z.B.	-	zum Beispiel

Bulgarisch. Abkürzungen

ж	-	Femininum
ж мн	-	Femininum plural
м	-	Maskulinum
м мн	-	Maskulinum plural
м, ж	-	Maskulinum, Femininum
мн	-	Plural
с	-	Neutrum
с мн	-	Neutrum plural

T&P BOOKS

BULGARISCHER SPRACHFÜHRER

Dieser Teil beinhaltet wichtige Sätze, die sich in verschiedenen realen Situationen als nützlich erweisen können.
Der Sprachführer wird Ihnen dabei helfen nach dem Weg zu fragen, einen Preis zu klären, Tickets zu kaufen und Essen in einem Restaurant zu bestellen.

T&P Books Publishing

INHALT SPRACHFÜHRER

Das absolute Minimum	10
Fragen	13
Bedürfnisse	14
Wie man nach dem Weg fragt	16
Schilder	18
Transport - Allgemeine Phrasen	20
Eine Fahrkarte kaufen	22
Bus	24
Zug	26
Im Zug - Dialog (Keine Fahrkarte)	28
Taxi	29
Hotel	31
Restaurant	34
Einkaufen	36
In der Stadt	38
Geld	40

Zeit	42
Begrüßungen und Vorstellungen	44
Verabschiedungen	46
Fremdsprache	48
Entschuldigungen	49
Einigung	50
Ablehnung. Äußerung von Zweifel	51
Dankbarkeit ausdrücken	53
Glückwünsche. Beste Wünsche	55
Sozialisieren	56
Gemeinsame Eindrücke. Emotionen	59
Probleme. Unfälle	61
Gesundheitsprobleme	64
In der Apotheke	67
Das absolute Minimum	69

T&P Books Publishing

Das absolute Minimum

Entschuldigen Sie bitte, …	**Извинете, …** [izvinéte, …]
Hallo.	**Здравейте.** [zdravéjte]
Danke.	**Благодаря.** [blagodarⁱá]
Auf Wiedersehen.	**Довиждане.** [dovíʒdane]
Ja.	**Да.** [da]
Nein.	**Не.** [ne]
Ich weiß nicht.	**Аз не знам.** [az ne znam]
Wo? | Wohin? | Wann?	**Къде? | Накъде? | Кога?** [kədé? | nakədé? | kogá?]
Ich brauche …	**Трябва ми …** [trⁱábva mi …]
Ich möchte …	**Аз искам …** [az ískam …]
Haben Sie …?	**Имате ли …?** [ímate li …?]
Gibt es hier …?	**Тук има ли …?** [tuk íma li …?]
Kann ich …?	**Мога ли …?** [móga li …?]
Bitte (anfragen)	**Моля.** [mólⁱa]
Ich suche …	**Аз търся …** [az tә́rsⁱa …]
die Toilette	**тоалетна** [toalétna]
den Geldautomat	**банкомат** [bankomát]
die Apotheke	**аптека** [aptéka]
das Krankenhaus	**болница** [bólnitsa]
die Polizeistation	**полицейски участък** [politséjski uʧástək]
die U-Bahn	**метро** [metró]

| das Taxi | **такси**
[táksi] |
| den Bahnhof | **гара**
[gára] |

Ich heiße …	**Казвам се …** [kázvam se …]
Wie heißen Sie?	**Как се казвате?** [kak se kázvate?]
Helfen Sie mir bitte.	**Помогнете ми, моля.** [pomognéte mi, mólʲa]
Ich habe ein Problem.	**Аз имам проблем.** [az ímam problém]
Mir ist schlecht.	**Лошо ми е.** [lóʃo mi e]
Rufen Sie einen Krankenwagen!	**Повикайте бърза помощ!** [povikájte bérza pómoʃt!]
Darf ich telefonieren?	**Може ли да се обадя?** [móʒe li da se obádʲa?]

| Entschuldigung. | **Извинявам се.**
[izvinʲávam se] |
| Keine Ursache. | **Моля.**
[mólʲa] |

ich	**аз** [az]
du	**ти** [ti]
er	**той** [toj]
sie	**тя** [tʲa]
sie (Pl, Mask.)	**те** [te]
sie (Pl, Fem.)	**те** [te]
wir	**ние** [nie]
ihr	**вие** [víe]
Sie	**Вие** [víe]

EINGANG	**ВХОД** [vhod]
AUSGANG	**ИЗХОД** [íshot]
AUßER BETRIEB	**НЕ РАБОТИ** [ne ráboti]
GESCHLOSSEN	**ЗАТВОРЕНО** [zatvóreno]

OFFEN	**ОТВОРЕНО** [otvóreno]
FÜR DAMEN	**ЗА ЖЕНИ** [za ʒení]
FÜR HERREN	**ЗА МЪЖЕ** [za məʒé]

Fragen

Wo?	**Къде?** [kədé?]
Wohin?	**Накъде?** [nakədé?]
Woher?	**Откъде?** [otkədé?]
Warum?	**Защо?** [zaʃtó?]
Wozu?	**По каква причина?** [po kakvá pritʃína?]
Wann?	**Кога?** [kogá?]

Wie lange?	**За колко?** [za kólko?]
Um wie viel Uhr?	**В колко?** [v kólko?]
Wie viel?	**Колко струва?** [kólko strúva?]
Haben Sie …?	**Имате ли …?** [ímate li …?]
Wo befindet sich …?	**Къде се намира …?** [kədé se namíra …?]

Wie spät ist es?	**Колко е часът?** [kólko e tʃasét?]
Darf ich telefonieren?	**Можc ли да се обадя?** [moʒe li da se obádʲa?]
Wer ist da?	**Кой е там?** [koj e tam?]
Darf ich hier rauchen?	**Мога ли тук да пуша?** [móga li tuk da púʃa?]
Darf ich …?	**Мога ли …?** [móga li …?]

Bedürfnisse

Ich hätte gerne …	**Аз бих искал /искала/ …** [az bih ískal /ískala/ …]
Ich will nicht …	**Аз не искам …** [az ne ískam …]
Ich habe Durst.	**Аз искам да пия.** [az ískam da pijá]
Ich möchte schlafen.	**Аз искам да спя.** [az ískam da spʲa]
Ich möchte …	**Аз искам …** [az ískam …]
abwaschen	**да се измия** [da se izmijá]
mir die Zähne putzen	**да си мия зъбите** [da si míja zəbíte]
eine Weile ausruhen	**малко да си почина** [málko da si potʃína]
meine Kleidung wechseln	**да се преоблека** [da se preobleká]
zurück ins Hotel gehen	**да се върна в хотела** [da se vә́rna v hotéla]
kaufen …	**да купя …** [da kúpʲa …]
gehen …	**да отида …** [da otída …]
besuchen …	**да посетя …** [da posetʲá …]
treffen …	**да се срещна с …** [da se sréʃtna s …]
einen Anruf tätigen	**да се обадя** [da se obádʲa]
Ich bin müde.	**Аз се изморих.** [az se izmoríh]
Wir sind müde.	**Ние се изморихме.** [nie se izmoríhme]
Mir ist kalt.	**Студено ми е.** [studéno mi e]
Mir ist heiß.	**Топло ми е.** [tóplo mi e]
Mir passt es.	**Нормално ми е.** [normálno mi e]

Ich muss telefonieren.

Трябва да се обадя.
[tr'ábva da se obád'a]

Ich muss auf die Toilette.

Искам да отида в тоалетната.
[ískam da otída v toalétnata]

Ich muss gehen.

Трябва да тръгвам.
[tr'ábva da trǝ́gvam]

Ich muss jetzt gehen.

Сега трябва да тръгвам.
[segá tr'ábva da trǝ́gvam]

Wie man nach dem Weg fragt

Entschuldigen Sie bitte, …	**Извинете, …** [izvinéte, …]
Wo befindet sich …?	**Къде се намира …?** [kədé se namíra …?]
Welcher Weg ist …?	**В коя посока се намира …?** [v koja posóka se namíra …?]
Könnten Sie mir bitte helfen?	**Помогнете ми, моля.** [pomognéte mi, mólʲa]
Ich suche …	**Аз търся …** [az tərsʲa …]
Ich suche den Ausgang.	**Аз търся изход.** [az tərsʲa íshot]
Ich fahre nach …	**Аз пътувам до …** [az pətúvam do …]
Gehe ich richtig nach …?	**Правилно ли вървя …?** [právilno li vərvʲá …?]
Ist es weit?	**Далече ли е?** [dalétʃe li e?]
Kann ich dort zu Fuß hingehen?	**Ще стигна ли дотам пеша?** [ʃte stígna li dotám péʃa?]
Können Sie es mir auf der Karte zeigen?	**Покажете ми на картата, моля.** [pokaʒéte mi na kártata, mólʲa]
Zeigen Sie mir wo wir gerade sind.	**Покажете, къде сме сега.** [pokaʒéte, kədé sme segá]
Hier	**Тук** [tuk]
Dort	**Там** [tam]
Hierher	**Тука** [túka]
Biegen Sie rechts ab.	**Завийте надясно.** [zavíjte nadʲásno]
Biegen Sie links ab.	**Завийте наляво.** [zavíjte nalʲávo]
erste (zweite, dritte) Abzweigung	**първи (втори, трети) завой** [pərvi (ftóri, tréti) zavój]
nach rechts	**надясно** [nadʲásno]

nach links

наляво
[naliávo]

Laufen Sie geradeaus.

Вървете направо.
[vərvéte naprávo]

Schilder

HERZLICH WILLKOMMEN!	**ДОБРЕ ДОШЛИ!** [dobré doʃlí!]
EINGANG	**ВХОД** [vhod]
AUSGANG	**ИЗХОД** [íshot]

DRÜCKEN	**БУТНИ** [butní]
ZIEHEN	**ДРЪПНИ** [drəpní]
OFFEN	**ОТВОРЕНО** [otvóreno]
GESCHLOSSEN	**ЗАТВОРЕНО** [zatvóreno]

FÜR DAMEN	**ЗА ЖЕНИ** [za ʒení]
FÜR HERREN	**ЗА МЪЖЕ** [za məʒé]
HERREN-WC	**МЪЖКА ТОАЛЕТНА** [méʒka toalétna]
DAMEN-WC	**ЖЕНСКА ТОАЛЕТНА** [ʒénska toalétna]

RABATT | REDUZIERT	**НАМАЛЕНИЯ** [namalénija]
AUSVERKAUF	**РАЗПРОДАЖБА** [rasprodáʒba]
GRATIS	**БЕЗПЛАТНО** [besplátno]
NEU!	**НОВИНА!** [noviná!]
ACHTUNG!	**ВНИМАНИЕ!** [vnimánie!]

KEINE ZIMMER FREI	**НЯМА МЕСТА** [nʲáma mestá]
RESERVIERT	**РЕЗЕРВИРАНО** [rezervírano]
VERWALTUNG	**АДМИНИСТРАЦИЯ** [administrátsija]
NUR FÜR PERSONAL	**САМО ЗА ПЕРСОНАЛА** [sámo za personála]

BISSIGER HUND

ЛОШО КУЧЕ
[lóʃo kutʃe]

RAUCHEN VERBOTEN!

НЕ СЕ ПУШИ!
[ne se púʃi!]

NICHT ANFASSEN!

НЕ ПИПАЙ С РЪЦЕТЕ!
[ne pipáj s rətséte!]

GEFÄHRLICH

ОПАСНО
[opásno]

GEFAHR

ОПАСНОСТ
[opásnost]

HOCHSPANNUNG

ВИСОКО НАПРЕЖЕНИЕ
[visóko napreʒénie]

BADEN VERBOTEN

КЪПАНЕТО Е ЗАБРАНЕНО
[képaneto e zabranéno]

AUßER BETRIEB

НЕ РАБОТИ
[ne ráboti]

LEICHTENTZÜNDLICH

ОГНЕОПАСНО
[ogneopásno]

VERBOTEN

ЗАБРАНЕНО
[zabranéno]

DURCHGANG VERBOTEN

ПРЕМИНАВАНЕТО Е ЗАБРАНЕНО
[preminávaneto e zabranéno]

FRISCH GESTRICHEN

БОЯДИСАНО
[bojadísano]

WEGEN RENOVIERUNG
GESCHLOSSEN

ЗАТВОРЕНО ЗА РЕМОНТ
[zatvóreno za remónt]

ACHTUNG BAUARBEITEN

РЕМОНТНИ РАБОТИ
[remóntni ráboti]

UMLEITUNG

ЗАОБИКАЛЯНЕ
[zaobikálʲane]

Transport - Allgemeine Phrasen

Flugzeug	самолет [samolét]
Zug	влак [vlak]
Bus	автобус [aftobús]
Fähre	ферибот [féribot]
Taxi	такси [táksi]
Auto	кола [kóla]

Zeitplan	разписание [raspisánie]
Wo kann ich den Zeitplan sehen?	Къде мога да видя разписанието? [kədé móga da víd¹a raspisánieto?]
Arbeitstage	работни дни [rabótni dni]
Wochenenden	почивни дни [potʃívni dni]
Ferien	празнични дни [práznitʃni dni]

ABFLUG	ЗАМИНАВАНЕ [zaminávane]
ANKUNFT	ПРИСТИГАНЕ [pristígane]
VERSPÄTET	ЗАКЪСНЯВА [zakəsn¹áva]
GESTRICHEN	ОТМЕНЕН [otmenén]

nächste (Zug, usw.)	следващ [slédvaʃt]
erste	първи [pərvi]
letzte	последен [posléden]

Wann kommt der Nächste ...?	Кога е следващият ...? [kogá e slédvaʃtijat ...?]
Wann kommt der Erste ...?	Кога тръгва първият ...? [kogá trégva pərvijat ...?]

Wann kommt der Letzte …?

Кога тръгва последният …?
[kogá trégva póslednijat …?]

Transfer

прекачване
[prekátʃvane]

einen Transfer machen

да правя прекачване
[da právʲa prekátʃvane]

Muss ich einen Transfer machen?

Трябва ли да правя прекачване?
[trʲábva li da právʲa prekátʃvane?]

Eine Fahrkarte kaufen

Wo kann ich Fahrkarten kaufen?	**Къде мога да купя билети?** [kədé móga da kúpʲa biléti?]
Fahrkarte	**билет** [bilét]
Eine Fahrkarte kaufen	**да купя билет** [da kúpʲa bilét]
Fahrkartenpreis	**цена на билета** [tsená na biléta]
Wohin?	**Накъде?** [nakədé?]
Welche Station?	**До коя станция?** [do kojá stántsija?]
Ich brauche …	**Трябва ми …** [trʲábva mi …]
eine Fahrkarte	**един билет** [edín bilét]
zwei Fahrkarten	**два билета** [dva biléta]
drei Fahrkarten	**три билета** [tri biléta]
in eine Richtung	**в една посока** [v edná posóka]
hin und zurück	**отиване и връщане** [otívane i vrʲáʃtane]
erste Klasse	**първа класа** [pérva klása]
zweite Klasse	**втора класа** [ftóra klása]
heute	**днес** [dnes]
morgen	**утре** [útre]
übermorgen	**вдругиден** [vdrúgiden]
am Vormittag	**сутринта** [sutrínta]
am Nachmittag	**през деня** [prez denʲá]
am Abend	**вечерта** [vetʃertá]

Gangplatz

място до коридора
[mʲásto do koridóra]

Fensterplatz

място до прозореца
[mʲásto do prozóretsa]

Wie viel?

Колко?
[kólko?]

Kann ich mit Karte zahlen?

Мога ли да платя с карта?
[móga li da platʲá s kárta?]

Bus

Bus	**автобус** [aftobús]
Fernbus	**междуградски автобус** [meʒdugrátski aftobús]
Bushaltestelle	**автобусна спирка** [aftobúsna spírka]
Wo ist die nächste Bushaltestelle?	**Къде се намира най-близката автобусна спирка?** [kədé se namíra naj-blízkata aftobúsna spírka?]

Nummer	**номер** [nómer]
Welchen Bus nehme ich um nach ... zu kommen?	**Кой номер автобус отива до ...?** [koj nómer aftobús otíva do ...?]
Fährt dieser Bus nach ...?	**Този автобус отива ли до ...?** [tózi aftobús otíva li do ...?]
Wie oft fahren die Busse?	**Кога има автобуси?** [kogá íma aftobúsi?]

alle fünfzehn Minuten	**на всеки 15 минути** [na fséki petnádeset minúti]
jede halbe Stunde	**на всеки половин час** [na fséki polovín ʧas]
jede Stunde	**на всеки час** [na fséki ʧas]
mehrmals täglich	**няколко пъти на ден** [nʲákolko péti na den]
... Mal am Tag	**... пъти на ден** [... péti na den]

Zeitplan	**разписание** [raspisánie]
Wo kann ich den Zeitplan sehen?	**Къде мога да видя разписанието?** [kədé móga da vídʲa raspisánieto?]
Wann kommt der nächste Bus?	**Кога е следващият автобус?** [kogá e slédvaʃtijat aftobús?]
Wann kommt der erste Bus?	**Кога тръгва първият автобус?** [kogá trəgva pérvijat aftobús?]
Wann kommt der letzte Bus?	**Кога заминава последният автобус?** [kogá zamináva slédnijat aftobús?]

Halt	**спирка** [spírka]
Nächster Halt	**следваща спирка** [slédvaʃta spírka]
Letzter Halt	**последна спирка** [poslédna spírka]
Halten Sie hier bitte an.	**Спрете тук, моля.** [spréte tuk, mólʲa]
Entschuldigen Sie mich, dies ist meine Haltestelle.	**Може ли, това е моята спирка.** [móʒe li, tová e mójata spírka]

Zug

Zug	влак [vlak]
S-Bahn	крайградски влак [krajgrátski vlak]
Fernzug	влак за далечни разстояния [vlak za dalétʃni rasstojánija]
Bahnhof	гара [gára]
Entschuldigen Sie bitte, wo ist der Ausgang zum Bahngleis?	Извинявайте, къде е изхода към влаковете? [izvinʲávajte, kədé e íshoda kəm vlákovete?]

Fährt dieser Zug nach …?	Този влак отива ли до …? [tózi vlak otíva li do …?]
nächste Zug	следващ влак [slédvaʃt vlak]
Wann kommt der nächste Zug?	Кога е следващият влак? [kogá e slédvaʃtijat vlak?]
Wo kann ich den Zeitplan sehen?	Къде мога да видя разписанието? [kədé móga da vídʲa raspisánieto?]
Von welchem Bahngleis?	От кой перон? [ot koj perón?]
Wann kommt der Zug in … an?	Кога влакът пристига в …? [kogá vlákət pristíga v …?]

Helfen Sie mir bitte.	Помогнете ми, моля. [pomognéte mi, mólʲa]
Ich suche meinen Platz.	Аз търся мястото си. [az térsʲa mʲástoto si]
Wir suchen unsere Plätze.	Ние търсим местата си. [nie térsim mestáta si]

Unser Platz ist besetzt.	Мястото ми е заето. [mʲástoto mi e zaéto]
Unsere Plätze sind besetzt.	Местата ни са заети. [mestáta ni sa zaéti]
Entschuldigen Sie, aber das ist mein Platz.	Извинявайте, но това е моето място. [izvinʲávajte, no tová e móeto mʲásto]

Ist der Platz frei?   **Това място свободно ли е?**
[tová m′ásto svobódno li e?]

Darf ich mich hier setzen?   **Мога ли да седна тук?**
[móga li da sédna tuk?]

Im Zug - Dialog (Keine Fahrkarte)

Fahrkarte bitte.	**Билета ви, моля.** [biléta vi, mólʲa]
Ich habe keine Fahrkarte.	**Аз нямам билет.** [az nʲámam bilét]
Ich habe meine Fahrkarte verloren.	**Аз загубих билета си.** [az zagúbih biléta si]
Ich habe meine Fahrkarte zuhause vergessen.	**Аз забравих билета си в къщи.** [az zabrávih biléta si v kéʃti]
Sie können von mir eine Fahrkarte kaufen.	**Вие можете да си купите билет от мен.** [víe móʒete da si kúpite bilét ot men]
Sie werden auch eine Strafe zahlen.	**Също така ще трябва да заплатите глоба.** [séʃto taká ʃte trʲábva da zaplátite glóba]
Gut.	**Добре.** [dobré]
Wohin fahren Sie?	**Накъде пътувате?** [nakədé pətúvate?]
Ich fahre nach …	**Аз пътувам до …** [az pətúvam do …]
Wie viel? Ich verstehe nicht.	**Колко? Не разбирам.** [kólko? ne razbíram]
Schreiben Sie es bitte auf.	**Напишете, моля.** [napiʃéte, mólʲa]
Gut. Kann ich mit Karte zahlen?	**Добре. Мога ли да платя с карта?** [dobré. móga li da platʲá s kárta?]
Ja, das können Sie.	**Да. Можете.** [da. móʒete]
Hier ist ihre Quittung.	**Заповядайте, вашата квитанция.** [zapovʲádajte, vaʃata kvitántsija]
Tut mir leid wegen der Strafe.	**Съжалявам за глобата.** [səʒalʲávam za glóbata]
Das ist in Ordnung. Es ist meine Schuld.	**Няма нищо. Вината е моя.** [nʲáma níʃto. vináta e mója]
Genießen Sie Ihre Fahrt.	**Приятно пътуване.** [prijátno pətúvane]

Taxi

Taxi	**такси** [táksi]
Taxifahrer	**таксист** [táksist]
Ein Taxi nehmen	**да взема такси** [da vzéma táksi]
Taxistand	**стоянка на такси** [stojánka na táksi]
Wo kann ich ein Taxi bekommen?	**Къде мога да взема такси?** [kədé móga da vzéma táksi?]
Ein Taxi rufen	**да повикам такси** [da povíkam táksi]
Ich brauche ein Taxi.	**Трябва ми такси.** [trʲábva mi táksi]
Jetzt sofort.	**Точно сега.** [tótʃno segá]
Wie ist Ihre Adresse? (Standort)	**Вашият адрес?** [váʃijat adrés?]
Meine Adresse ist …	**Моят адрес е …** [mójat adrés e …]
Ihr Ziel?	**Къде отивате?** [kədé otívate?]
Entschuldigen Sie bitte, …	**Извинете, …** [izvinéte, …]
Sind Sie frei?	**Свободни ли сте?** [svobódni li ste?]
Was kostet die Fahrt nach …?	**Каква е цената до …?** [kakvá e tsenáta do …?]
Wissen Sie wo es ist?	**Знаете ли, къде е това?** [znáete li, kədé e tová?]
Flughafen, bitte.	**До аерогарата, моля.** [do aerogárata, mólʲa]
Halten Sie hier bitte an.	**Спрете тук, моля.** [spréte tuk, mólʲa]
Das ist nicht hier.	**Това не е тук.** [tová ne e tuk]
Das ist die falsche Adresse.	**Това е неправилен адрес.** [tová e neprávilen adrés]
nach links	**наляво** [nalʲávo]
nach rechts	**надясно** [nadʲásno]

Was schulde ich Ihnen?	**Колко ви дължа?** [kólko vi dəlʒá?]
Ich würde gerne ein Quittung haben, bitte.	**Дайте ми касов бон, моля.** [dájte mi kásov bon, mólʲa]
Stimmt so.	**Задръжте рестото.** [zadréʒte réstoto]
Warten Sie auf mich bitte	**Изчакайте ме, моля.** [iztʃákajte me, mólʲa]
fünf Minuten	**пет минути** [pet minúti]
zehn Minuten	**десет минути** [déset minúti]
fünfzehn Minuten	**петнадесет минути** [petnádeset minúti]
zwanzig Minuten	**двадесет минути** [dvádeset minúti]
eine halbe Stunde	**половин час** [polóvin tʃas]

Hotel

Guten Tag.	**Здравейте.** [zdravéjte]
Mein Name ist …	**Казвам се …** [kázvam se …]
Ich habe eine Reservierung.	**Аз резервирах стая.** [az rezervírah stája]
Ich brauche …	**Трябва ми …** [trʲábva mi …]
ein Einzelzimmer	**единична стая** [edinítʃna stája]
ein Doppelzimmer	**двойна стая** [dvójna stája]
Wie viel kostet das?	**Колко струва?** [kólko strúva?]
Das ist ein bisschen teuer.	**Това е малко скъпо.** [tová e málko sképo]
Haben Sie sonst noch etwas?	**Имате ли още нещо?** [ímate li óʃte néʃto?]
Ich nehme es.	**Ще го взема.** [ʃte go vzéma]
Ich zahle bar.	**Ще платя в брой.** [ʃte plátʲa v broj]
Ich habe ein Problem.	**Аз имам проблем.** [az ímam problém]
Mein … ist kaputt.	**Моят /моята/ … е счупен /счупена/.** [mójat /mójata/ … e stʃúpen /stʃúpena/]
Mein … ist außer Betrieb.	**Моят /моята/ … не работи** [mójat /mójata/ … ne ráboti]
Fernseher	**моят телевизор** [mójat televízor]
Klimaanlage	**моят климатик** [mójat klímatik]
Wasserhahn	**моят кран** [mójat kran]
Dusche	**моят душ** [mójat duʃ]
Waschbecken	**моята мивка** [mójata mífka]
Safe	**моят сейф** [mójat sejf]

Türschloss	**моята ключалка** [mójata klʲútʃálka]
Steckdose	**моят контакт** [mójat kontákt]
Föhn	**моят сешоар** [mójat seʃoár]

Ich habe kein …	**Нямам …** [nʲámam …]
Wasser	**вода** [vodá]
Licht	**ток** [tok]
Strom	**електричество** [elektritʃestvo]

Können Sie mir … geben?	**Може ли да ми дадете …?** [móʒe li da mi dadéte …?]
ein Handtuch	**хавлия** [havlíja]
eine Decke	**одеяло** [odejálo]
Hausschuhe	**чехли** [tʃéhli]
einen Bademantel	**халат** [halát]
etwas Shampoo	**шампоан** [ʃampoán]
etwas Seife	**сапун** [sapún]

Ich möchte ein anderes Zimmer haben.	**Бих искал /искала/ да сменя стаята си.** [bih ískal /ískala/ da smenʲá stájata si]
Ich kann meinen Schlüssel nicht finden.	**Не мога да намеря ключа си.** [ne móga da namérʲa klʲútʃa si]
Machen Sie bitte meine Tür auf	**Отворете моята стая, моля.** [otvórete mójata stája, mólʲa]
Wer ist da?	**Кой е?** [koj e?]
Kommen Sie rein!	**Влезте!** [vlézte!]
Einen Moment bitte!	**Една минута!** [ednámin únúta!]

Nicht jetzt bitte.	**Моля, не сега.** [mólʲa, ne segá]
Kommen Sie bitte in mein Zimmer.	**Влезте при мен, моля.** [vlézte pri men, mólʲa]

Ich würde gerne Essen bestellen.	**Бих искал /искала/ да поръчам храна за стаята.** [bih ískal /ískala/ da pórətʃam hraná za stájata]
Meine Zimmernummer ist …	**Номерът на стаята ми е ….** [nómerət na stájata mi e ….]
Ich reise … ab.	**Заминавам …** [zaminávam …]
Wir reisen … ab.	**Ние заминаваме …** [nie zaminávame …]
jetzt	**сега** [segá]
diesen Nachmittag	**днес след обяд** [dnes slet obʲát]
heute Abend	**днес вечерта** [dnes vetʃertá]
morgen	**утре** [útre]
morgen früh	**утре сутринта** [útre sutrínta]
morgen Abend	**утре вечер** [útre vétʃer]
übermorgen	**вдругиден** [vdrúgiden]

Ich möchte die Zimmerrechnung begleichen.	**Бих искал /искала/ да заплатя.** [bih ískal /ískala/ da zaplatʲá]
Alles war wunderbar.	**Всичко беше отлично.** [fsítʃko béʃe otlítʃno]
Wo kann ich ein Taxi bekommen?	**Къде мога да взема такси?** [kədé móga da vzéma táksi?]
Würden Sie bitte ein Taxi für mich holen?	**Повикайте ми такси, моля.** [povikájte mi táksi, mólʲa]

Restaurant

Könnte ich die Speisekarte sehen bitte?	**Мога ли да видя менюто ви?** [móga li da vídʲa menʲúto vi?]
Tisch für einen.	**Маса за един човек.** [mása za edín ʧovék]
Wir sind zu zweit (dritt, viert).	**Ние сме двама (трима, четирима).** [nie sme dváma (tríma, ʧetírima)]
Raucher	**За пушачи** [za puʃáʧi]
Nichtraucher	**За непушачи** [za nepuʃáʧi]
Entschuldigen Sie mich! (Einen Kellner ansprechen)	**Ако обичате!** [ako obitʃate!]
Speisekarte	**меню** [menʲú]
Weinkarte	**Карта на виното** [kárta na vínoto]
Die Speisekarte bitte.	**Менюто, моля.** [menʲúto, mólʲa]
Sind Sie bereit zum bestellen?	**Готови ли сте да поръчате?** [gotóvi li ste da porétʃate?]
Was würden Sie gerne haben?	**Какво ще поръчате?** [kakvó ʃte porétʃate?]
Ich möchte …	**Аз искам ….** [az ískam ….]
Ich bin Vegetarier.	**Аз съм вегетарианец /вегетарианка/.** [az səm vegetariánets /vegetariánka/]
Fleisch	**месо** [mesó]
Fisch	**риба** [ríba]
Gemüse	**зеленчуци** [zelenʧútsi]
Haben Sie vegetarisches Essen?	**Имате ли вегетариански ястия?** [ímate li vegetariánski jástija?]
Ich esse kein Schweinefleisch.	**Аз не ям свинско.** [az ne jam svínsko]
Er /Sie/ isst kein Fleisch.	**Той /тя/ не яде месо.** [toj /tʲa/ ne jadé mesó]
Ich bin allergisch auf …	**Имам алергия към …** [ímam alérgija kəm …]

Könnten Sie mir bitte … Bringen.	**Донесете ми, моля …** [doneséte mi, mólʲa …]
Salz | Pfeffer | Zucker	**сол | пипер | захар** [sol | pipér | záhar]
Kaffee | Tee | Nachtisch	**кафе | чай | десерт** [kafé | ʧaj | desért]
Wasser | Sprudel | stilles	**вода | газирана | негазирана** [vodá | gazírana | negazírana]
einen Löffel | eine Gabel | ein Messer	**лъжица | вилица | нож** [ləʒítsa | vílitsa | noʒ]
einen Teller | eine Serviette	**чиния | салфетка** [ʧiníja | salfétka]

Guten Appetit!	**Приятен апетит!** [prijáten apetít!]
Noch einen bitte.	**Донесете още, моля.** [doneséte óʃte, mólʲa]
Es war sehr lecker.	**Беше много вкусно.** [béʃe mnógo fkúsno]

Scheck | Wechselgeld | Trinkgeld	**сметка | ресто | бакшиш** [smétka | résto | bakʃíʃ]
Zahlen bitte.	**Сметката, моля.** [smétkata, mólʲa]
Kann ich mit Karte zahlen?	**Мога ли да платя с карта?** [móga li da platʲá s kárta?]
Entschuldigen Sie, hier ist ein Fehler.	**Извинявайте, тук има грешка.** [izvinʲávajte, tuk íma gréʃka]

Einkaufen

Kann ich Ihnen behilflich sein?	**Мога ли да ви помогна?** [móga li da vi pomógna?]
Haben Sie …?	**Имате ли …?** [ímate li …?]
Ich suche …	**Аз търся …** [az térsʲa …]
Ich brauche …	**Трябва ми …** [trʲábva mi …]

Ich möchte nur schauen.	**Само гледам.** [sámo glédam]
Wir möchten nur schauen.	**Ние само гледаме.** [nie sámo glédame]
Ich komme später noch einmal zurück.	**Ще дойда по-късно.** [ʃte dójda po-késno]
Wir kommen später vorbei.	**Ние ще дойдем по-късно.** [nie ʃte dójdem po-késno]
Rabatt | Ausverkauf	**намаления | разпродажба** [namalénija | rasprodáʒba]

Zeigen Sie mir bitte …	**Покажете ми, моля …** [pokaʒéte mi, mólʲa …]
Geben Sie mir bitte …	**Дайте ми, моля …** [dájte mi, mólʲa …]
Kann ich es anprobieren?	**Може ли да пробвам това?** [móʒe li da próbvam tová?]
Entschuldigen Sie bitte, wo ist die Anprobe?	**Извинявайте, къде може да пробвам това?** [izvinʲávajte, kədé móʒe da próbvam tová?]
Welche Farbe mögen Sie?	**Какъв цвят желаете?** [kakév tsvʲat ʒeláete?]
Größe | Länge	**размер | ръст** [razmér | rəst]
Wie sitzt es?	**Стана ли ви?** [stána li vi?]

Was kostet das?	**Колко струва това?** [kólko strúva tová?]
Das ist zu teuer.	**Това е много скъпо.** [tová e mnógo sképo]
Ich nehme es.	**Ще взема това.** [ʃte vzéma tová]

Entschuldigen Sie bitte, wo ist die Kasse?	**Извинявайте, къде е касата?** [izvinˈávajte, kədé e kásata?]
Zahlen Sie Bar oder mit Karte?	**Как ще плащате?** **В брой или с карта?** [kak ʃte pláʃtate? v broj íli s kárta?]
in Bar | mit Karte	**в брой | с карта** [v broj | s kárta]

Brauchen Sie die Quittung?	**Трябва ли ви касов бон?** [trˈábva li vi kásov bon?]
Ja, bitte.	**Да, бъдете така добър.** [da, bədéte taká dobér]
Nein, es ist ok.	**Не, не трябва. Благодаря.** [ne, ne trˈábva. blagodarˈá]
Danke. Einen schönen Tag noch!	**Благодаря. Всичко хубаво!** [blagodarˈá. fsíʧko húbavo!]

In der Stadt

Entschuldigen Sie bitte, ...	Извинете, моля ... [izvinéte, mólʲa ...]
Ich suche ...	Аз търся ... [az tórsʲa ...]
die U-Bahn	метрото [metróto]
mein Hotel	хотела си [hotéla si]
das Kino	киното [kínoto]
den Taxistand	стоянката на такси [stojánkata na táksi]
einen Geldautomat	банкомат [bankomát]
eine Wechselstube	обмяна на валута [obmʲána na valúta]
ein Internetcafé	интернет-кафе [internét-kafé]
die ... -Straße	улица ... [úlitsa ...]
diesen Ort	ето това място [eto tová mʲásto]
Wissen Sie, wo ... ist?	Знаете ли, къде се намира ...? [znáete li, kədé se namíra ...?]
Wie heißt diese Straße?	Как се нарича тази улица? [kak se narítʃa tázi úlitsa?]
Zeigen Sie mir wo wir gerade sind.	Покажете, къде сме сега. [pokaʒéte, kədé sme segá]
Kann ich dort zu Fuß hingehen?	Ще стигна ли дотам пеша? [ʃte stígna li dotám péʃa?]
Haben Sie einen Stadtplan?	Имате ли карта на града? [ímate li kárta na gradá?]
Was kostet eine Eintrittskarte?	Колко струва билет за вход? [kólko strúva bilét za vhot?]
Darf man hier fotografieren?	Тук може ли да се снима? [tuk móʒe li da se snimá?]
Haben Sie offen?	Отворено ли е? [otvóreno li e?]

Wann öffnen Sie?

В колко отваряте?
[v kólko otvárʲate?]

Wann schließen Sie?

До колко часа работите?
[do kólko ʧása rábotite?]

Geld

Geld	пари
	[parí]
Bargeld	пари в брой
	[parí v broj]
Papiergeld	книжни пари
	[kníʒni parí]
Kleingeld	дребни пари
	[drébni parí]
Scheck | Wechselgeld | Trinkgeld	сметка | ресто | бакшиш
	[smétka | résto | bakʃíʃ]

Kreditkarte	кредитна карта
	[kréditna kárta]
Geldbeutel	портмоне
	[portmoné]
kaufen	да купя
	[da kúpʲa]
zahlen	да платя
	[da platʲá]
Strafe	глоба
	[glóba]
kostenlos	безплатно
	[besplátno]

Wo kann ich … kaufen?	Къде мога да купя …?
	[kədé móga da kúpʲa …?]
Ist die Bank jetzt offen?	Отворена ли е банката сега ?
	[otvórena li e bánkata segá ?]
Wann öffnet sie?	В колко се отваря?
	[v kólko se otvárʲa?]
Wann schließt sie?	До колко часа работи?
	[do kólko tʃása ráboti?]

Wie viel?	Колко?
	[kólko?]
Was kostet das?	Колко струва?
	[kólko strúva?]
Das ist zu teuer.	Това е много скъпо.
	[tová e mnógo skǿpo]

Entschuldigen Sie bitte, wo ist die Kasse?	Извинявайте, къде е касата?
	[izvinʲávajte, kədé e kásata?]
Ich möchte zahlen.	Сметката, моля.
	[smétkata, mólʲa]

Kann ich mit Karte zahlen?

Мога ли да платя с карта?
[móga li da platiá s kárta?]

Gibt es hier einen Geldautomat?

Тук има ли банкомат?
[tuk íma li bankomát?]

Ich brauche einen Geldautomat.

Трябва ми банкомат.
[triábva mi bankomát]

Ich suche eine Wechselstube.

Аз търся обмяна на валута.
[az térsia obmiána na valúta]

Ich möchte … wechseln.

Бих искал да сменя …
[bih ískal da smeniá …]

Was ist der Wechselkurs?

Какъв е курсът?
[kakév e kúrset?]

Brauchen Sie meinen Reisepass?

Трябва ли ви паспортът ми?
[triábva li vi paspórtet mi?]

Zeit

Wie spät ist es?	**Колко е часът?** [kólko e tʃasét?]
Wann?	**Кога?** [kogá?]
Um wie viel Uhr?	**В колко?** [v kólko?]
jetzt | später | nach …	**сега | по-късно | след …** [segá | po-késno | slet …]
ein Uhr	**един часа** [edín tʃása]
Viertel zwei	**един часа и петнадесет минути** [edín tʃása i petnádeset minúti]
Ein Uhr dreißig	**един часа и тридесет минути** [edín tʃása i trídeset minúti]
Viertel vor zwei	**два без петнадесет** [dva bez petnádeset]
eins | zwei | drei	**един | два | три** [edín | dva | tri]
vier | fünf | sechs	**четири | пет | шест** [tʃétiri | pet | ʃest]
sieben | acht | neun	**седем | осем | девет** [sédem | ósem | dévet]
zehn | elf | zwölf	**десет | единадесет | дванадесет** [déset | edinádeset | dvanádeset]
in …	**след …** [slet …]
fünf Minuten	**пет минути** [pet minúti]
zehn Minuten	**десет минути** [déset minúti]
fünfzehn Minuten	**петнадесет минути** [petnádeset minúti]
zwanzig Minuten	**двадесет минути** [dvádeset minúti]
einer halben Stunde	**половин час** [polóvin tʃas]
einer Stunde	**един час** [edín tʃas]

am Vormittag	сутринта
	[sutrínta]
früh am Morgen	рано сутринта
	[ráno sutrínta]
diesen Morgen	днес сутринта
	[dnes sutrínta]
morgen früh	утре сутринта
	[útre sutrínta]

am Mittag	на обяд
	[na obʲád]
am Nachmittag	след обяд
	[slet obʲát]
am Abend	вечерта
	[vetʃertá]
heute Abend	днес вечерта
	[dnes vetʃertá]

in der Nacht	през нощта
	[prez noʃtá]
gestern	вчера
	[vtʃéra]
heute	днес
	[dnes]
morgen	утре
	[útre]
übermorgen	вдругиден
	[vdrúgiden]

Welcher Tag ist heute?	Какъв ден е днес?
	[kakév den e dnes?]
Es ist …	Днес е …
	[dnes e …]
Montag	понеделник
	[ponedélnik]
Dienstag	вторник
	[ftórnik]
Mittwoch	сряда
	[srʲáda]

Donnerstag	четвъртък
	[tʃetvártək]
Freitag	петък
	[pétək]
Samstag	събота
	[sébota]
Sonntag	неделя
	[nedélʲa]

Begrüßungen und Vorstellungen

Hallo.	**Здравейте.** [zdravéjte]
Freut mich, Sie kennen zu lernen.	**Радвам се, че се запознахме.** [rádvam se, tʃe se zapoznáhme]
Ganz meinerseits.	**И аз.** [i az]
Darf ich vorstellen? Das ist …	**Запознайте се. Това е …** [zapoznájte se. tová e …]
Sehr angenehm.	**Много ми е приятно.** [mnógo mi e prijátno]

Wie geht es Ihnen?	**Как сте?** [kak ste?]
Ich heiße …	**Казвам се …** [kázvam se …]
Er heißt …	**Той се казва …** [toj se kázva …]
Sie heißt …	**Тя се казва …** [tʲa se kázva …]
Wie heißen Sie?	**Как се казвате?** [kak se kázvate?]
Wie heißt er?	**Как се казва той?** [kak se kázva toj?]
Wie heißt sie?	**Как се казва тя?** [kak se kázva tʲa?]

Wie ist Ihr Nachname?	**Как ви е фамилията?** [kak vi e famílijata?]
Sie können mich … nennen.	**Наричайте ме …** [narítʃajte me …]
Woher kommen Sie?	**Откъде сте?** [otkədé ste?]
Ich komme aus …	**Аз съм от …** [az səm ot …]
Was machen Sie beruflich?	**Като какъв работите?** [kató kakév rábotite?]
Wer ist das?	**Кой сте?** [koj ste?]
Wer ist er?	**Кой е той?** [koj e toj?]
Wer ist sie?	**Коя е тя?** [kojá e tʲa?]
Wer sind sie?	**Кои са те?** [koi sa te?]

Das ist …	**Това е …** [tová e …]
mein Freund	**моят приятел** [mójat prijátel]
meine Freundin	**моята приятелка** [mójata prijátelka]
mein Mann	**моят мъж** [mójat məʒ]
meine Frau	**моята жена** [mójata ʒená]
mein Vater	**моят баща** [mójat baʃtá]
meine Mutter	**моята майка** [mójata májka]
mein Bruder	**моят брат** [mójat brat]
meine Schwester	**моята сестра** [mójata sestrá]
mein Sohn	**моят син** [mójat sin]
meine Tochter	**моята дъщеря** [mójata dəʃterˈá]
Das ist unser Sohn.	**Това е нашият син.** [tová e náʃijat sin]
Das ist unsere Tochter.	**Това е нашата дъщеря.** [tová e náʃata dəʃterˈá]
Das sind meine Kinder.	**Това са моите деца.** [tová sa móite detsá]
Das sind unsere Kinder.	**Това са нашите деца.** [tová sa náʃite detsá]

Verabschiedungen

Auf Wiedersehen!	**Довиждане!** [dovíʒdane!]
Tschüss!	**Чао!** [ʧao!]
Bis morgen.	**До утре!** [do útre!]
Bis bald.	**До срещата!** [do sréʃtata!]
Bis um sieben.	**Ще се срещнем в седем.** [ʃte se sréʃtnem v sédem]
Viel Spaß!	**Забавлявайте се!** [zabavlʲávajte se!]
Wir sprechen später.	**Ще поговорим по-късно.** [ʃte pogovórim po-kásno]
Ich wünsche Ihnen ein schönes Wochenende.	**Успешен уикенд!** [uspéʃen uíkend!]
Gute Nacht.	**Лека нощ.** [léka noʃt]
Es ist Zeit, dass ich gehe.	**Сега трябва да тръгвам.** [segá trʲábva da trégvam]
Ich muss gehen.	**Трябва да тръгвам.** [trʲábva da trégvam]
Ich bin gleich wieder da.	**Сега ще се върна.** [segá ʃte se vérna]
Es ist schon spät.	**Вече е късно.** [véʧe e kásno]
Ich muss früh aufstehen.	**Трябва рано да ставам.** [trʲábva ráno da stávam]
Ich reise morgen ab.	**Аз заминавам утре.** [az zaminávam útre]
Wir reisen morgen ab.	**Ние утре заминаваме.** [nie útre zaminávame]
Ich wünsche Ihnen eine gute Reise!	**Щастливо пътуване!** [ʃtastlívo pətúvane!]
Hat mich gefreut, Sie kennen zu lernen.	**Беше ми приятно да се запознаем.** [béʃe mi prijátno da se zapoznáem]
Hat mich gefreut mit Ihnen zu sprechen.	**Беше ми приятно да поговоря с вас.** [béʃe mi prijátno da pogovórʲa s vas]
Danke für alles.	**Благодаря за всичко.** [blagodarʲá za fsíʧko]

Ich hatte eine sehr gute Zeit.

Прекрасно прекарах времето.
[prekrásno prekárah vrémeto]

Wir hatten eine sehr gute Zeit.

Ние прекрасно прекарахме времето.
[nie prekrásno prekárahme vrémeto]

Es war wirklich toll.

Всичкото беше страхотно.
[fsítʃkoto béʃe strahótno]

Ich werde Sie vermissen.

Ще скучая.
[ʃte skutʃája]

Wir werden Sie vermissen.

Ние ще скучаем.
[nie ʃte skutʃáem]

Viel Glück!

Късмет! Успех!
[kəsmét! uspéh!]

Grüßen Sie …

Предайте поздрави на …
[predájte pózdravi na …]

Fremdsprache

Ich verstehe nicht.	**Аз не разбирам.** [az ne razbíram]
Schreiben Sie es bitte auf.	**Напишете това, моля.** [napíʃéte tová, mólʲa]
Sprechen Sie …?	**Знаете ли …?** [znáete li …?]

Ich spreche ein bisschen …	**Малко знам …** [málko znam …]
Englisch	**английски** [anglíjski]
Türkisch	**турски** [túrski]
Arabisch	**арабски** [arápski]
Französisch	**френски** [frénski]

Deutsch	**немски** [némski]
Italienisch	**италиански** [italiánski]
Spanisch	**испански** [ispánski]
Portugiesisch	**португалски** [portugálski]
Chinesisch	**китайски** [kitájski]
Japanisch	**японски** [japónski]

Können Sie das bitte wiederholen.	**Повторете, моля.** [poftoréte, mólʲa]
Ich verstehe.	**Аз разбирам.** [az razbíram]
Ich verstehe nicht.	**Аз не разбирам.** [az ne razbíram]
Sprechen Sie etwas langsamer.	**Говорете по-бавно, моля.** [govórete po-bávno, mólʲa]

Ist das richtig?	**Това правилно ли е?** [tová právilno li e?]
Was ist das? (Was bedeutet das?)	**Какво е това?** [kakvó e tová?]

Entschuldigungen

Entschuldigen Sie bitte.	**Извинете, моля.** [izvinéte, mólʲa]
Es tut mir leid.	**Съжалявам.** [səʒalʲávam]
Es tut mir sehr leid.	**Много съжалявам.** [mnógo səʒalʲávam]
Es tut mir leid, das ist meine Schuld.	**Виновен съм, вината е моя.** [vinóven səm, vináta e mója]
Das ist mein Fehler.	**Грешката е моя.** [greʃkata e mója]

Darf ich ...?	**Мога ли ...?** [m,óga li ...?]
Haben Sie etwas dagegen, wenn ich ...?	**Имате ли нещо против, ако аз ...?** [ímate li néʃto protív, akó az ...?]
Es ist okay.	**Няма нищо.** [nʲáma níʃto]
Alles in Ordnung.	**Всичко е наред.** [fsítʃko e naréd]
Machen Sie sich keine Sorgen.	**Не се безпокойте.** [ne se bespokójte]

Einigung

Ja.	**Да.** [da]
Ja, natürlich.	**Да, разбира се.** [da, razbíra se]
Ok! (Gut!)	**Добре!** [dobré!]
Sehr gut.	**Много добре!** [mnógo dobré!]
Natürlich!	**Разбира се!** [razbíra se!]
Genau.	**Съгласен /съгласна/ съм.** [səglásen /səglásna/ səm]

Das stimmt.	**Вярно.** [vʲárno]
Das ist richtig.	**Правилно.** [právilno]
Sie haben Recht.	**Прав /права/ сте.** [prav /práva/ ste]
Ich habe nichts dagegen.	**Не възразявам.** [ne vəzrazʲávam]
Völlig richtig.	**Абсолютно вярно.** [absolʲútno vʲárno]

Das kann sein.	**Това е възможно.** [tová e vəzmóʒno]
Das ist eine gute Idee.	**Това е добра идея.** [tová e dobrá idéja]
Ich kann es nicht ablehnen.	**Не мога да откажа.** [ne móga da otkáʒa]
Ich würde mich freuen.	**Ще се радвам.** [ʃte se rádvam]
Gerne.	**С удоволствие.** [s udovólstvie]

Ablehnung. Äußerung von Zweifel

Nein.	**Не.** [ne]
Natürlich nicht.	**Не, разбира се.** [ne, razbíra se]
Ich stimme nicht zu.	**Аз не съм съгласен /съгласна/.** [az ne səm səglásen /səglásna/]
Das glaube ich nicht.	**Аз не мисля така.** [az ne míslʲa taká]
Das ist falsch.	**Това не е вярно.** [tová ne e vʲárno]

Sie liegen falsch.	**Грешите.** [greʃíte]
Ich glaube, Sie haben Unrecht.	**Мисля, че грешите.** [míslʲa, tʃe greʃíte]
Ich bin nicht sicher.	**Не съм сигурен /сигурна/.** [ne səm síguren /sígurna/]
Das ist unmöglich.	**Това не е възможно.** [tová ne e vəzmóʒno]
Nichts dergleichen!	**Нищо подобно!** [níʃto podóbno!]

Im Gegenteil!	**Напротив!** [naprótiv!]
Ich bin dagegen.	**Аз съм против.** [az səm protív]
Es ist mir egal.	**На мен ми е все едно.** [na men mi e fse ednó]
Keine Ahnung.	**Нямам представа.** [nʲámam pretstáva]
Ich bezweifle, dass es so ist.	**Съмнявам се, че е така.** [səmnʲávam se, tʃe e taká]

Es tut mir leid, ich kann nicht.	**Извинете ме, аз не мога.** [izvinéte me, az ne móga]
Es tut mir leid, ich möchte nicht.	**Извинете ме, аз не искам.** [izvinéte me, az neískam]

Danke, das brauche ich nicht.	**Благодаря, това не ми трябва.** [blagodarʲá, tová ne mi trʲábva]
Es ist schon spät.	**Вече е късно.** [vétʃe e kəsno]

Ich muss früh aufstehen.

Трябва рано да ставам.
[tr'ábva ráno da stávam]

Mir geht es schlecht.

Чувствам се зле.
[ʧúfstvam se zle]

Dankbarkeit ausdrücken

Danke.	**Благодаря.** [blagodar'á]
Dankeschön.	**Много благодаря.** [mnógo blagodar'á]
Ich bin Ihnen sehr verbunden.	**Много съм признателен /признателна/.** [mnógo səm priznátelen /priznátelna/]
Ich bin Ihnen sehr dankbar.	**Много съм ви благодарен /благодарна/.** [mnógo səm vi blagodáren /blagodárna/]
Wir sind Ihnen sehr dankbar.	**Ние сме ви благодарни.** [nie sme vi blagodárni]
Danke, dass Sie Ihre Zeit geopfert haben.	**Благодаря ви, че отделихте време.** [blagodar'á vi, tʃe otdelíhte vréme]
Danke für alles.	**Благодаря за всичко.** [blagodar'á za fsítʃko]
Danke für …	**Благодаря за …** [blagodar'á za …]
Ihre Hilfe	**вашата помощ** [váʃata pómoʃt]
die schöne Zeit	**хубавото време** [húbavoto vréme]
das wunderbare Essen	**чудната храна** [tʃúdnata hraná]
den angenehmen Abend	**приятната вечер** [prijátnata vétʃer]
den wunderschönen Tag	**прекрасния ден** [prekrásnija den]
die interessante Führung	**интересната екскурзия** [interésnata ekskúrzija]
Keine Ursache.	**Няма за що.** [n'áma za ʃto]
Nichts zu danken.	**Моля.** [mól'a]
Immer gerne.	**Винаги моля.** [vínagi mól'a]
Es freut mich, geholfen zu haben.	**Радвам се, че помогнах.** [rádvam se, tʃe pomógnah]

Vergessen Sie es.

Забравете.
[zabravéte]

Machen Sie sich keine Sorgen.

Не се безпокойте.
[ne se bespokójte]

Glückwünsche. Beste Wünsche

Glückwunsch!	**Поздравявам!** [pozdravjávam!]
Alles gute zum Geburtstag!	**Честит рожден ден!** [ʧestít roʒdén den!]
Frohe Weihnachten!	**Весела Коледа!** [vésela kóleda!]
Frohes neues Jahr!	**Честита Нова година!** [ʧestíta nóva godína!]
Frohe Ostern!	**Честит Великден!** [ʧestít velíkden!]
Frohes Hanukkah!	**Честита Ханука!** [ʧestíta hánuka!]
Ich möchte einen Toast ausbringen.	**Имам тост.** [ímam tost]
Auf Ihr Wohl!	**За вашето здраве!** [za váʃeto zdráve!]
Trinken wir auf …!	**Да пием за …!** [da piém za …!]
Auf unseren Erfolg!	**За нашия успех!** [za náʃija uspéh!]
Auf Ihren Erfolg!	**За вашия успех!** [za váʃija uspéh!]
Viel Glück!	**Късмет!** [kəsmét!]
Einen schönen Tag noch!	**Приятен ден!** [prijáten den!]
Haben Sie einen guten Urlaub!	**Хубава почивка!** [húbava poʧífka!]
Haben Sie eine sichere Reise!	**Успешно пътуване!** [uspéʃno pətúvane!]
Ich hoffe es geht Ihnen bald besser!	**Желая ви скорошно оздравяване!** [ʒeIája vi skóroʃno ozdravjávane!]

Sozialisieren

Warum sind Sie traurig?	**Защо сте разстроени?** [zaʃtó ste rasstróeni?]
Lächeln Sie!	**Усмихнете се!** [usmihnéte se!]
Sind Sie heute Abend frei?	**Заети ли сте днес вечерта?** [zaéti li ste dnes vetʃertá?]
Darf ich Ihnen was zum Trinken anbieten?	**Мога ли да ви предложа едно питие?** [móga li da vi predlóʒa ednó pitié?]
Möchten Sie tanzen?	**Искате ли да танцувате?** [ískate li da tantsúvate?]
Gehen wir ins Kino.	**Да отидем ли на кино?** [da otídem li na kíno?]
Darf ich Sie ins ... einladen?	**Мога ли да ви поканя на ...?** [móga li da vi pokánʲa na ...?]
Restaurant	**ресторант** [restoránt]
Kino	**кино** [kíno]
Theater	**театър** [teátər]
auf einen Spaziergang	**на разходка** [na rashótka]
Um wie viel Uhr?	**В колко?** [v kólko?]
heute Abend	**днес вечерта** [dnes vetʃertá]
um sechs Uhr	**в 6 часа** [v ʃest tʃasá]
um sieben Uhr	**в 7 часа** [v sédem tʃasá]
um acht Uhr	**в 8 часа** [v ósem tʃasá]
um neun Uhr	**в 9 часа** [v dévet tʃasá]
Gefällt es Ihnen hier?	**Харесва ли ви тук?** [harésva li vi tuk?]
Sind Sie hier mit jemandem?	**С някой ли сте тук?** [s nʲákoj li ste tuk?]

Ich bin mit meinem Freund /meiner Freundin/.	**Аз съм с приятел /приятелка/.** [az səm s prijátel /prijátelka/]
Ich bin mit meinen Freunden.	**Аз съм с приятели.** [az səm s prijáteli]
Nein, ich bin alleine.	**Аз съм сам /сама/.** [az səm sam /samá/]

Hast du einen Freund?	**Имаш ли приятел?** [ímaʃ li prijátel?]
Ich habe einen Freund.	**Аз имам приятел.** [az ímam prijátel]
Hast du eine Freundin?	**Имаш ли приятелка?** [ímaʃ li prijátelka?]
Ich habe eine Freundin.	**Аз имам гадже.** [az ímam gádʒe]

Kann ich dich nochmals sehen?	**Ще се видим ли още?** [ʃte se vídim li oʃté?]
Kann ich dich anrufen?	**Мога ли да ти се обадя?** [móga li da ti se obádʲa?]
Ruf mich an.	**Обади ми се.** [obádi mi se]
Was ist deine Nummer?	**Какъв ти е номерът?** [kakév ti e nómerət?]
Ich vermisse dich.	**Липсваш ми.** [lípsvaʃ mi]

Sie haben einen schönen Namen.	**Имате много красиво име.** [ímate mnógo krasívo íme]
Ich liebe dich.	**Аз те обичам.** [az te obítʃam]
Willst du mich heiraten?	**Омъжи се за мен.** [oméʒi se za men]
Sie machen Scherze!	**Шегувате се!** [ʃegúvate se!]
Ich habe nur geschorzt.	**Аз само се шегувам.** [az sámo se ʃegúvam]

Ist das Ihr Ernst?	**Сериозно ли говорите?** [seriózno li govórite?]
Das ist mein Ernst.	**Сериозен /сериозна/ съм.** [seriózen /seriózna/ səm]
Echt?!	**Наистина ли?!** [naístina li?!]
Das ist unglaublich!	**Това е невероятно!** [tová e neverojátno!]
Ich glaube Ihnen nicht.	**Не ви вярвам.** [ne vi vʲárvam]
Ich kann nicht.	**Аз не мога.** [az ne móga]
Ich weiß nicht.	**Аз не знам.** [az ne znam]

Ich verstehe Sie nicht.

Аз не ви разбирам.
[az ne vi razbíram]

Bitte gehen Sie weg.

Вървете си, моля.
[vərvéte si, mólʲa]

Lassen Sie mich in Ruhe!

Оставете ме на мира!
[ostávete me na mirá!]

Ich kann ihn nicht ausstehen.

Не го понасям.
[ne go ponásʲam]

Sie sind widerlich!

Отвратителен сте!
[otvratítelen ste!]

Ich rufe die Polizei an!

Ще повикам полиция!
[ʃte póvikam polítsija!]

Gemeinsame Eindrücke. Emotionen

Das gefällt mir.	**Това ми харесва.** [tová mi harésva]
Sehr nett.	**Много мило.** [mnógo mílo]
Das ist toll!	**Това е страхотно!** [tová e strahótno!]
Das ist nicht schlecht.	**Не е лошо.** [ne e lóʃo]
Das gefällt mir nicht.	**Това не ми харесва.** [tová ne mi harésva]
Das ist nicht gut.	**Това не е добре.** [tová ne e dobré]
Das ist schlecht.	**Това е лошо.** [tová e lóʃo]
Das ist sehr schlecht.	**Това е много лошо.** [tová e mnógo lóʃo]
Das ist widerlich.	**Това е отвратително.** [tová e otvratítelno]
Ich bin glücklich.	**Щастлив /щастлива/ съм.** [ʃtastlív /ʃtastlíva/ səm]
Ich bin zufrieden.	**Доволен /доволна/ съм.** [dovólen /dovólna/ səm]
Ich bin verliebt.	**Влюбен /влюбена/ съм.** [vlʲúben /vlʲúbena/ səm]
Ich bin ruhig.	**Спокоен /спокойна/ съм.** [spokóen /spokójna/ səm]
Ich bin gelangweilt.	**Скучно ми е.** [skúʧno mi e]
Ich bin müde.	**Аз се изморих.** [az se izmoríh]
Ich bin traurig.	**Тъжно ми е.** [téʒno mi e]
Ich habe Angst.	**Уплашен /уплашена/ съм.** [upláʃen /upláʃena/ səm]
Ich bin wütend.	**Ядосвам се.** [jadósvam se]
Ich mache mir Sorgen.	**Вълнувам се.** [vəlnúvam se]
Ich bin nervös.	**Аз нервнича.** [az nérvniʧa]

Ich bin eifersüchtig.

Аз завиждам.
[az zavízdam]

Ich bin überrascht .

Учуден /учудена/ съм.
[utʃúden /utʃúdena/ səm]

Es ist mir peinlich.

Аз съм объркан /объркана/.
[az səm obérkan /obérkana/]

Probleme. Unfälle

Ich habe ein Problem. **Аз имам проблем.**
[az ímam problém]

Wir haben Probleme. **Ние имаме проблем.**
[nie ímame problém]

Ich bin verloren. **Аз се заблудих.**
[az se zablúdih]

Ich habe den letzten Bus (Zug) verpasst. **Аз закъснях за последния
автобус (влак).**
[az zakəsnʲáh za poslédniʲa
aftobús (vlak)]

Ich habe kein Geld mehr. **Не ми останаха никакви пари.**
[ne mi ostánaha níkakvi parí]

Ich habe mein … verloren. **Аз загубих …**
[az zagúbih …]

Jemand hat mein … gestohlen. **Откраднаха ми …**
[otkrádnaha mi …]

Reisepass **паспорта**
[paspórta]

Geldbeutel **портмонето**
[portmonéto]

Papiere **документите**
[dokuméntite]

Fahrkarte **билета**
[biléta]

Geld **парите**
[paríte]

Tasche **чантата**
[ʧántata]

Kamera **фотоапарата**
[fotoaparáta]

Laptop **лаптопа**
[laptópa]

Tabletcomputer **таблета**
[tabléta]

Handy **телефона**
[telefóna]

Hilfe! **Помогнете!**
[pomognéte!]

Was ist passiert? **Какво со случи?**
[kakvó se sluʧí?]

Feuer	пожар
	[poʒár]
Schießerei	стрелба
	[strelbá]
Mord	убийство
	[ubíjstvo]
Explosion	взрив
	[vzriv]
Schlägerei	бой
	[boj]

Rufen Sie die Polizei!	Извикайте полиция!
	[izvikájte polítsija!]
Beeilen Sie sich!	Моля, по-бързо!
	[mólʲa, po-bérzo!]
Ich suche nach einer Polizeistation.	Аз търся полицейски участък.
	[az térsʲa politséjski uˈtʃastək]
Ich muss einen Anruf tätigen.	Трябва да се обадя.
	[trʲábva da se obádʲa]
Kann ich Ihr Telefon benutzen?	Мога ли да се обадя?
	[móga li da se obádʲa?]

Ich wurde …	Мен ме …
	[men me …]
ausgeraubt	ограбиха
	[ográbiha]
überfallen	обраха
	[obráha]
vergewaltigt	изнасилиха
	[iznasíliha]
angegriffen	пребиха
	[prebíha]

Ist bei Ihnen alles in Ordnung?	Всичко ли е наред?
	[fsítʃko li e naréd?]
Haben Sie gesehen wer es war?	Видяхте ли, кой беше?
	[vidʲáhte li, koj béʃe?]
Sind Sie in der Lage die Person wiederzuerkennen?	Ще можете ли да го познаете?
	[ʃte móʒete li da go poznáete?]
Sind sie sicher?	Сигурен /сигурна/ ли сте?
	[síguren /sígurna/ li ste?]

Beruhigen Sie sich bitte!	Моля, да се успокоите.
	[mólʲa, da se uspokóite]
Ruhig!	По-спокойно!
	[po-spokójno!]
Machen Sie sich keine Sorgen	Не се безпокойте.
	[ne se bespokójte]
Alles wird gut.	Всичко ще се оправи.
	[fsítʃko ʃte se oprávi]
Alles ist in Ordnung.	Всичко е наред.
	[fsítʃko e naréd]

Kommen Sie bitte her.	**Елате, моля.** [eláte, mólʲa]
Ich habe einige Fragen für Sie.	**Имам няколко въпроса към Вас.** [ímam nʲakólko vəprósa kəm vas]
Warten Sie einen Moment bitte.	**Изчакайте, моля.** [iztʃákajte, mólʲa]
Haben Sie einen Identifikationsnachweis?	**Имате ли документи?** [ímate li dokuménti?]
Danke. Sie können nun gehen.	**Благодаря. Свободни сте.** [blagodarʲá. svobódni ste]
Hände hinter dem Kopf!	**Ръцете зад тила!** [rətséte zat tíla!]
Sie sind verhaftet!	**Арестуван /арестувана/ сте!** [arestúvan /arestúvana/ ste!]

Gesundheitsprobleme

Helfen Sie mir bitte.	**Помогнете, моля.** [pomognéte, mólʲa]
Mir ist schlecht.	**Лошо ми е.** [lóʃo mi e]
Meinem Ehemann ist schlecht.	**На мъжа ми му е лошо.** [na məʒá mi mu e lóʃo]
Mein Sohn …	**На сина ми …** [na siná mi …]
Mein Vater …	**На баща ми …** [na baʃtá mi …]
Meine Frau fühlt sich nicht gut.	**На жена ми и е лошо.** [na ʒená mi i e lóʃo]
Meine Tochter …	**На дъщеря ми …** [na dəʃterʲá mi …]
Meine Mutter …	**На майка ми …** [na májka mi …]
Ich habe … schmerzen.	**Боли ме …** [bolí me …]
Kopf-	**главата** [glaváta]
Hals-	**гърлото** [gárloto]
Bauch-	**корема** [koréma]
Zahn-	**зъба** [zába]
Mir ist schwindelig.	**Ви е ми се свят.** [vi e mi se svʲat]
Er hat Fieber.	**Той има температура.** [toj íma temperatúra]
Sie hat Fieber.	**Тя има температура.** [tʲa íma temperatúra]
Ich kann nicht atmen.	**Аз не мога да дишам.** [az ne móga da díʃam]
Ich kriege keine Luft.	**Аз се задъхвам.** [az se zadéhvam]
Ich bin Asthmatiker.	**Аз съм астматик.** [az səm astmatík]
Ich bin Diabetiker /Diabetikerin/	**Аз съм диабетик.** [az səm diabetík]

Ich habe Schlaflosigkeit.

Имам безсъние.
[ímam bessénie]

Lebensmittelvergiftung

хранително отравяне
[hranítelno otráv'ane]

Es tut hier weh.

Тук ме боли.
[tuk me bolí]

Hilfe!

Помогнете!
[pomognéte!]

Ich bin hier!

Аз съм тук!
[az səm tuk!]

Wir sind hier!

Ние сме тук!
[nie sme tuk!]

Bringen Sie mich hier raus!

Извадете ме!
[izvadéte me!]

Ich brauche einen Arzt.

Трябва ми лекар.
[tr'ábva mi lékar]

Ich kann mich nicht bewegen.

Не мога да мърдам.
[ne móga da mérdam]

Ich kann meine Beine nicht bewegen.

Не си чувствам краката.
[ne si ţúfstvam krakáta]

Ich habe eine Wunde.

Аз съм ранен /ранена/.
[az səm ránen /ránena/]

Ist es ernst?

Сериозно ли е?
[serïózno li e?]

Meine Dokumente sind in meiner Hosentasche.

Документите ми са в джоба.
[dokuméntite mi sa v dӡóba]

Beruhigen Sie sich!

Успокойте се!
[uspokójte se!]

Kann ich Ihr Telefon benutzen?

Мога ли да се обадя?
[móga li da se obád'a?]

Rufen Sie einen Krankenwagen!

Повикайте бърза помощ!
[povikájte bérza pómoʃt!]

Es ist dringend!

Това е спешно!
[tová e spéʃno!]

Es ist ein Notfall!

Това е много спешно!
[tová e mnógo spéʃno!]

Schneller bitte!

Моля, по-бързо!
[mól'a, po-bérzo!]

Können Sie bitte einen Arzt rufen?

Повикайте лекар, моля.
[povikájte lékar, mól'a]

Wo ist das Krankenhaus?

Кажете, моля, къде е болницата?
[kaӡéte, mól'a, kədé e bólnitsata?]

Wie fühlen Sie sich?

Как се чувствате?
[kak se ţúfstvate?]

Ist bei Ihnen alles in Ordnung?

Всичко ли е наред?
[fsíţko li e naréd?]

Was ist passiert?

Какво се случи?
[kakvó se sluţí?]

Mir geht es schon besser.　　　　**Вече ми е по-добре.**
　　　　　　　　　　　　　　　　[vétʃe mi e po-dobré]

Es ist in Ordnung.　　　　　　　**Всичко е наред.**
　　　　　　　　　　　　　　　　[fsítʃko e naréd]

Alles ist in Ordnung.　　　　　　**Всичко е наред.**
　　　　　　　　　　　　　　　　[fsítʃko e naréd]

In der Apotheke

Apotheke	**аптека** [aptéka]
24 Stunden Apotheke	**денонощна аптека** [denonóʃtna aptéka]
Wo ist die nächste Apotheke?	**Къде е най-близката аптека?** [kədé e naj-blízkata aptéka?]
Ist sie jetzt offen?	**Сега отворена ли е?** [segá otvórena li e?]
Um wie viel Uhr öffnet sie?	**В колко се отваря?** [v kólko se otvárʲa?]
Um wie viel Uhr schließt sie?	**До колко работи?** [do kólko ráboti?]
Ist es weit?	**Далече ли е?** [dalétʃe li e?]
Kann ich dort zu Fuß hingehen?	**Ще стигна ли дотам пеша?** [ʃte stígna li dotám péʃa?]
Können Sie es mir auf der Karte zeigen?	**Покажете ми на картата, моля.** [pokaʒéte mi na kártata, mólʲa]
Bitte geben sie mir etwas gegen …	**Дайте ми нещо за …** [dájte mi néʃto za …]
Kopfschmerzen	**главоболие** [glavobólie]
Husten	**кашлица** [káʃlitsa]
eine Erkältung	**настинка** [nastínka]
die Grippe	**грип** [grip]
Fieber	**температура** [temperatúra]
Magenschmerzen	**болки в стомаха** [bólki v stomáha]
Übelkeit	**повръщане** [povréʃtane]
Durchfall	**диария** [diárija]
Verstopfung	**запек** [zápek]
Rückenschmerzen	**болки в гърба** [bólki v gérba]

Brustschmerzen	**болки в гърдите** [bólki v gərdíte]
Seitenstechen	**болки отстрани** [bólki otstraní]
Bauchschmerzen	**болки в корема** [bólki v koréma]

Pille	**таблетка** [tablétka]
Salbe, Creme	**маз, мехлем, крем** [maz, mehlém, krem]
Sirup	**сироп** [siróp]
Spray	**спрей** [sprej]
Tropfen	**капки** [kápki]

Sie müssen ins Krankenhaus gehen.	**Трябва да отидете в болница.** [trʲábva da otidéte v bólnitsa]
Krankenversicherung	**застраховка** [zastrahófka]
Rezept	**рецепта** [retsépta]
Insektenschutzmittel	**препарат от насекоми** [preparát ot nasekómi]
Pflaster	**лейкопласт** [lejkoplást]

Das absolute Minimum

Entschuldigen Sie bitte, …	**Извинете, …** [izvinéte, …]
Hallo.	**Здравейте.** [zdravéjte]
Danke.	**Благодаря.** [blagodar'á]
Auf Wiedersehen.	**Довиждане.** [dovíʒdane]
Ja.	**Да.** [da]
Nein.	**Не.** [ne]
Ich weiß nicht.	**Аз не знам.** [az ne znam]
Wo? | Wohin? | Wann?	**Къде? | Накъде? | Кога?** [kədé? | nakədé? | kogá?]

Ich brauche …	**Трябва ми …** [tr'ábva mi …]
Ich möchte …	**Аз искам …** [az ískam …]
Haben Sie …?	**Имате ли …?** [ímate li …?]
Gibt es hier …?	**Тук има ли …?** [tuk íma li …?]
Kann ich …?	**Мога ли …?** [móga li …?]
Bitte (anfragen)	**Моля.** [mól'a]

Ich suche …	**Аз търся …** [az tərs'a …]
die Toilette	**тоалетна** [toalétna]
den Geldautomat	**банкомат** [bankomát]
die Apotheke	**аптека** [aptéka]
das Krankenhaus	**болница** [bólnitsa]
die Polizeistation	**полицейски участък** [politséjski utʃástək]
die U-Bahn	**метро** [metró]

das Taxi	**такси** [táksi]
den Bahnhof	**гара** [gára]

Ich heiße …	**Казвам се …** [kázvam se …]
Wie heißen Sie?	**Как се казвате?** [kak se kázvate?]
Helfen Sie mir bitte.	**Помогнете ми, моля.** [pomognéte mi, mólʲa]
Ich habe ein Problem.	**Аз имам проблем.** [az ímam problém]
Mir ist schlecht.	**Лошо ми е.** [lóʃo mi e]
Rufen Sie einen Krankenwagen!	**Повикайте бърза помощ!** [povikájte bárza pómoʃt!]
Darf ich telefonieren?	**Може ли да се обадя?** [móʒe li da se obádʲa?]

Entschuldigung.	**Извинявам се.** [izvinʲávam se]
Keine Ursache.	**Моля.** [mólʲa]

ich	**аз** [az]
du	**ти** [ti]
er	**той** [toj]
sie	**тя** [tʲa]
sie (Pl, Mask.)	**те** [te]
sie (Pl, Fem.)	**те** [te]
wir	**ние** [nie]
ihr	**вие** [víe]
Sie	**Вие** [víe]

EINGANG	**ВХОД** [vhod]
AUSGANG	**ИЗХОД** [íshot]
AUßER BETRIEB	**НЕ РАБОТИ** [ne ráboti]
GESCHLOSSEN	**ЗАТВОРЕНО** [zatvóreno]

OFFEN	**ОТВОРЕНО** [otvóreno]
FÜR DAMEN	**ЗА ЖЕНИ** [za ʒeni]
FÜR HERREN	**ЗА МЪЖЕ** [za məʒé]

AKTUELLES VOKABULAR

Dieser Teil beinhaltet mehr als 3.000 der wichtigsten Wörter. Das Wörterbuch wird Ihnen wertvolle Unterstützung während Ihrer Reise bieten, weil einzelne, häufig benutzte Wörter genug sind, damit Sie verstanden werden. Das Wörterbuch beinhaltet eine praktische Transkription jedes Fremdworts

T&P Books Publishing

INHALT WÖRTERBUCH

Grundbegriffe	75
Zahlen. Verschiedenes	81
Farben. Maßeinheiten	85
Die wichtigsten Verben	89
Zeit. Kalender	95
Reisen. Hotel	101
Transport	105
Stadt	111
Kleidung & Accessoires	119
Alltagserfahrung	127
Mahlzeiten. Restaurant	135
Persönliche Informationen. Familie	145
Menschlicher Körper. Medizin	149
Wohnung	159
Die Erde. Wetter	165
Fauna	177
Flora	185
Länder der Welt	191

T&P Books Publishing

T&P BOOKS

GRUNDBEGRIFFE

1. Pronomen
2. Grüße. Begrüßungen
3. Fragen
4. Präpositionen
5. Funktionswörter. Adverbien. Teil 1
6. Funktionswörter. Adverbien. Teil 2

T&P Books Publishing

1. Pronomen

ich	аз	[az]
du	ти	[ti]
er	той	[toj]
sie	тя	[tʲa]
es	то	[to]
wir	ние	[níe]
ihr	вие	[víe]
sie	те	[te]

2. Grüße. Begrüßungen

Hallo! (ugs.)	Здравей!	[zdravéj]
Hallo! (Amtsspr.)	Здравейте!	[zdravéjte]
Guten Morgen!	Добро утро!	[dobró útro]
Guten Tag!	Добър ден!	[dóbər den]
Guten Abend!	Добър вечер!	[dóbər vétʃer]
grüßen (vi, vt)	поздравявам	[pozdravʲávam]
Hallo! (ugs.)	Здрасти!	[zdrásti]
Gruß (m)	поздрав (м)	[pózdrav]
begrüßen (vt)	приветствувам	[privétstvuvam]
Wie geht's?	Как си?	[kak si]
Was gibt es Neues?	Какво ново?	[kakvó nóvo]
Auf Wiedersehen!	Довиждане!	[dovíʒdane]
Bis bald!	До скора среща!	[do skóra sréʃta]
Lebe wohl!	Сбогом!	[zbógom]
Leben Sie wohl!		
sich verabschieden	сбогувам се	[sbogúvam se]
Tschüs!	До скоро!	[do skóro]
Danke!	Благодаря!	[blagodarʲá]
Dankeschön!	Много благодаря!	[mnógo blagodarʲá]
Bitte (Antwort)	Моля.	[mólʲa]
Keine Ursache.	Няма нищо.	[nʲáma níʃto]
Nichts zu danken.	Няма за какво.	[nʲáma za kakvó]
Entschuldige!	Извинявай!	[izvinʲávaj]
Entschuldigung!	Извинявайте!	[izvinʲávajte]
entschuldigen (vt)	извинявам	[izvinʲávam]

sich entschuldigen	извинявам се	[izvinʲávam se]
Verzeihung!	Моите извинения.	[móite izvinénija]
Es tut mir leid!	Прощавайте!	[proʃtávajte]
bitte (Die Rechnung, ~!)	моля	[mólʲa]
Nicht vergessen!	Не забравяйте!	[ne zabrávʲajte]
Natürlich!	Разбира се!	[razbíra se]
Natürlich nicht!	Разбира се, не!	[razbíra se ne]
Gut! Okay!	Съгласен!	[səglásen]
Es ist genug!	Стига!	[stíga]

3. Fragen

Wer?	Кой?	[koj]
Was?	Какво?	[kakvó]
Wo?	Къде?	[kədé]
Wohin?	Къде?	[kədé]
Woher?	Откъде?	[otkədé]
Wann?	Кога?	[kogá]
Wozu?	За какво?	[za kakvó]
Warum?	Защо?	[zaʃtó]
Wofür?	За какво?	[za kakvó]
Wie?	Как?	[kak]
Wem?	На кого?	[na kogó]
Über wen?	За кого?	[za kogó]
Wovon? (~ sprichst du?)	За какво?	[za kakvó]
Mit wem?	С кого?	[s kogó]
Wie viel? Wie viele?	Колко?	[kólko]
Wessen?	Чий?	[tʃij]

4. Präpositionen

mit (Frau ~ Katzen)	с ...	[s]
ohne (~ Dich)	без	[bez]
nach (~ London)	в, във	[v], [vəf]
über (~ Geschäfte sprechen)	за	[za]
vor (z.B. ~ acht Uhr)	преди	[predí]
vor (z.B. ~ dem Haus)	пред ...	[pret]
unter (~ dem Schirm)	под	[pot]
über (~ dem Meeresspiegel)	над	[nat]
auf (~ dem Tisch)	върху	[vərhú]
aus (z.B. ~ München)	от	[ot]

aus (z.B. ~ Porzellan)	от	[ot]
in (~ zwei Tagen)	след	[slet]
über (~ zaun)	през	[pres]

5. Funktionswörter. Adverbien. Teil 1

Wo?	Къде?	[kədé]
hier	тук	[tuk]
dort	там	[tam]

| irgendwo | някъде | [nʲákəde] |
| nirgends | никъде | [níkəde] |

| an (bei) | до … | [do] |
| am Fenster | до прозореца | [do prozóretsa] |

Wohin?	Къде?	[kədé]
hierher	тук	[tuk]
dahin	нататък	[natátək]
von hier	оттук	[ottúk]
von da	оттам	[ottám]

| nah (Adv) | близо | [blízo] |
| weit, fern (Adv) | далече | [dalétʃe] |

in der Nähe von …	до	[do]
in der Nähe	редом	[rédom]
unweit (~ unseres Hotels)	недалече	[nedalétʃe]

link (Adj)	ляв	[lʲav]
links (Adv)	отляво	[otlʲávo]
nach links	вляво	[vlʲávo]

recht (Adj)	десен	[désen]
rechts (Adv)	отдясно	[otdʲásno]
nach rechts	вдясно	[vdʲásno]

vorne (Adv)	отпред	[otprét]
Vorder-	преден	[préden]
vorwärts	напред	[naprét]

hinten (Adv)	отзад	[otzát]
von hinten	отзад	[otzát]
rückwärts (Adv)	назад	[nazát]

| Mitte (f) | среда (ж) | [sredá] |
| in der Mitte | по средата | [po sredáta] |

| seitlich (Adv) | встрани | [fstraní] |
| überall (Adv) | навсякъде | [nafsʲákəde] |

ringsherum (Adv)	наоколо	[naókolo]
von innen (Adv)	отвътре	[otvétre]
irgendwohin (Adv)	някъде	[nʲákəde]
geradeaus (Adv)	направо	[naprávo]
zurück (Adv)	обратно	[obrátno]
irgendwoher (Adv)	откъдето и да е	[otkədéto i da e]
von irgendwo (Adv)	отнякъде	[otnʲákəde]
erstens	първо	[pérvo]
zweitens	второ	[ftóro]
drittens	трето	[tréto]
plötzlich (Adv)	изведнъж	[izvednéʃ]
zuerst (Adv)	в началото	[f natʃáloto]
zum ersten Mal	за пръв път	[za prəv pét]
lange vor…	много време преди …	[mnógo vréme predí]
von Anfang an	наново	[nanóvo]
für immer	завинаги	[zavínagi]
nie (Adv)	никога	[níkoga]
wieder (Adv)	пак	[pak]
jetzt (Adv)	сега	[segá]
oft (Adv)	често	[tʃésto]
damals (Adv)	тогава	[togáva]
dringend (Adv)	срочно	[srótʃno]
gewöhnlich (Adv)	обикновено	[obiknovéno]
übrigens, …	между другото …	[méʒdu drúgoto]
möglicherweise (Adv)	възможно	[vəzmóʒno]
wahrscheinlich (Adv)	вероятно	[verojátno]
vielleicht (Adv)	може би	[móʒe bi]
außerdem …	освен това, …	[osvén tová]
deshalb …	затова	[zatová]
trotz …	въпреки че …	[vépreki ʧe]
dank …	благодарение на …	[blagodarénie na]
was (~ ist denn?)	какво	[kakvó]
das (~ ist alles)	че	[ʧe]
etwas	нещо	[néʃto]
irgendwas	нещо	[néʃto]
nichts	нищо	[níʃto]
wer (~ ist ~?)	кой	[koj]
jemand	някой	[nʲákoj]
irgendwer	някой	[nʲákoj]
niemand	никой	[níkoj]
nirgends	никъде	[níkəde]
niemandes (~ Eigentum)	ничий	[níʧij]
jemandes	нечий	[néʧij]
so (derart)	така	[taká]

| auch | също така | [séʃto taká] |
| ebenfalls | също | [séʃto] |

6. Funktionswörter. Adverbien. Teil 2

Warum?	Защо?	[zaʃtó]
aus irgendeinem Grund	кой знае защо	[koj znáe zaʃtó]
weil ...	защото ...	[zaʃtóto]
zu irgendeinem Zweck	кой знае защо	[koj znáe zaʃtó]

und	и	[i]
oder	или	[ilí]
aber	но	[no]
für (präp)	за	[za]

zu (~ viele)	прекалено	[prekaléno]
nur (~ einmal)	само	[sámo]
genau (Adv)	точно	[tótʃno]
etwa	около	[ókolo]

ungefähr (Adv)	приблизително	[priblizítelno]
ungefähr (Adj)	приблизителен	[priblizítelen]
fast	почти	[potʃtí]
Übrige (n)	остатък (M)	[ostátək]

der andere	друг	[druk]
andere	друг	[druk]
jeder (~ Mann)	всеки	[fséki]
beliebig (Adj)	всеки	[fséki]
viel	много	[mnógo]
viele Menschen	много	[mnógo]
alle (wir ~)	всички	[fsítʃki]

im Austausch gegen ...	в обмяна на ...	[v obmʲána na]
dafür (Adv)	в замяна	[v zamʲána]
mit der Hand (Hand-)	ръчно	[rétʃno]
schwerlich (Adv)	едва ли	[edvá li]

wahrscheinlich (Adv)	вероятно	[verojátno]
absichtlich (Adv)	специално	[spetsiálno]
zufällig (Adv)	случайно	[slutʃájno]

sehr (Adv)	много	[mnógo]
zum Beispiel	например	[naprímer]
zwischen	между	[meʒdú]
unter (Wir sind ~ Mördern)	сред	[sret]
so viele (~ Ideen)	толкова	[tólkova]
besonders (Adv)	особено	[osóbeno]

ZAHLEN. VERSCHIEDENES

7. Grundzahlen. Teil 1
8. Grundzahlen. Teil 2
9. Ordnungszahlen

T&P Books Publishing

null	нула (ж)	[núla]
eins	едно	[ednó]
zwei	две	[dve]
drei	три	[tri]
vier	четири	[tʃétiri]
fünf	пет	[pet]
sechs	шест	[ʃest]
sieben	седем	[sédem]
acht	осем	[ósem]
neun	девет	[dévet]
zehn	десет	[déset]
elf	единадесет	[edinádeset]
zwölf	дванадесет	[dvanádeset]
dreizehn	тринадесет	[trinádeset]
vierzehn	четиринадесет	[tʃetirinádeset]
fünfzehn	петнадесет	[petnádeset]
sechzehn	шестнадесет	[ʃesnádeset]
siebzehn	седемнадесет	[sedemnádeset]
achtzehn	осемнадесет	[osemnádeset]
neunzehn	деветнадесет	[devetnádeset]
zwanzig	двадесет	[dvádeset]
einundzwanzig	двадесет и едно	[dvádeset i ednó]
zweiundzwanzig	двадесет и две	[dvádeset i dve]
dreiundzwanzig	двадесет и три	[dvádeset i tri]
dreißig	тридесет	[trídeset]
einunddreißig	тридесет и едно	[trídeset i ednó]
zweiunddreißig	тридесет и две	[trídeset i dve]
dreiunddreißig	тридесет и три	[trídeset i tri]
vierzig	четиридесет	[tʃetírideset]
einundvierzig	четиридесет и едно	[tʃetírideset i ednó]
zweiundvierzig	четиридесет и две	[tʃetírideset i dve]
dreiundvierzig	четиридесет и три	[tʃetírideset i tri]
fünfzig	петдесет	[petdesét]
einundfünfzig	петдесет и едно	[petdesét i ednó]
zweiundfünfzig	петдесет и две	[petdesét i dve]
dreiundfünfzig	петдесет и три	[petdesét i tri]
sechzig	шестдесет	[ʃestdesét]

einundsechzig	шестдесет и едно	[ʃestdesét i ednó]
zweiundsechzig	шестдесет и две	[ʃestdesét i dve]
dreiundsechzig	шестдесет и три	[ʃestdesét i tri]

siebzig	седемдесет	[sedemdesét]
einundsiebzig	седемдесет и едно	[sedemdesét i ednó]
zweiundsiebzig	седемдесет и две	[sedemdesét i dve]
dreiundsiebzig	седемдесет и три	[sedemdesét i tri]

achtzig	осемдесет	[osemdesét]
einundachtzig	осемдесет и едно	[osemdesét i ednó]
zweiundachtzig	осемдесет и две	[osemdesét i dve]
dreiundachtzig	осемдесет и три	[osemdesét i tri]

neunzig	деветдесет	[devetdesét]
einundneunzig	деветдесет и едно	[devetdesét i ednó]
zweiundneunzig	деветдесет и две	[devetdesét i dve]
dreiundneunzig	деветдесет и три	[devetdesét i tri]

8. Grundzahlen. Teil 2

einhundert	сто	[sto]
zweihundert	двеста	[dvésta]
dreihundert	триста	[trísta]
vierhundert	четиристотин	[ʧétiri·stótin]
fünfhundert	петстотин	[pét·stótin]

sechshundert	шестстотин	[ʃést·stótin]
siebenhundert	седемстотин	[sédem·stótin]
achthundert	осемстотин	[ósem·stótin]
neunhundert	деветстотин	[dévet·stótin]

eintausend	хиляда (ж)	[hilʲáda]
zweitausend	две хиляди	[dve hílʲadi]
dreitausend	три хиляди	[tri hílʲadi]
zehntausend	десет хиляди	[déset hílʲadi]
hunderttausend	сто хиляди	[sto hílʲadi]
Million (f)	милион (м)	[milión]
Milliarde (f)	милиард (м)	[miliárt]

9. Ordnungszahlen

der erste	първи	[pérvi]
der zweite	втори	[ftóri]
der dritte	трети	[tréti]
der vierte	четвърти	[ʧetvérti]
der fünfte	пети	[péti]
der sechste	шести	[ʃésti]

der siebte	седми	[sédmi]
der achte	осми	[ósmi]
der neunte	девети	[devéti]
der zehnte	десети	[deséti]

T&P BOOKS

FARBEN. MASSEINHEITEN

10. Farben
11. Maßeinheiten
12. Behälter

T&P Books Publishing

Farbe (f)	цвят (м)	[tsvʲat]
Schattierung (f)	оттенък (м)	[otténək]
Farbton (m)	тон (м)	[ton]
Regenbogen (m)	небесна дъга (ж)	[nebésna dəgá]

weiß	бял	[bʲal]
schwarz	черен	[ʧéren]
grau	сив	[siv]

grün	зелен	[zelén]
gelb	жълт	[ʒəlt]
rot	червен	[ʧervén]
blau	син	[sin]
hellblau	небесносин	[nebesnosín]
rosa	розов	[rózov]
orange	оранжев	[oránʒev]
violett	виолетов	[violétov]
braun	кафяв	[kafʲáv]

golden	златен	[zláten]
silbrig	сребрист	[srebríst]
beige	бежов	[béʒov]
cremefarben	кремав	[krémaʃ]
türkis	тюркоазен	[tʲurkoázen]
kirschrot	вишнев	[víʃnev]
lila	лилав	[liláʃ]
himbeerrot	малинов	[malínov]

hell	светъл	[svétəl]
dunkel	тъмен	[təmen]
grell	ярък	[járək]

Farb- (z.B. -stifte)	цветен	[tsvéten]
Farb- (z.B. -film)	цветен	[tsvéten]
schwarz-weiß	черно-бял	[ʧérno-bʲal]
einfarbig	едноцветен	[edno·tsvéten]
bunt	многоцветен	[mnogo·tsvéten]

| Gewicht (n) | тегло (с) | [tegló] |
| Länge (f) | дължина (ж) | [dəʤiná] |

Breite (f)	широчина (ж)	[ʃirotʃiná]
Höhe (f)	височина (ж)	[visotʃiná]
Tiefe (f)	дълбочина (ж)	[dəlbotʃiná]
Volumen (n)	обем (м)	[obém]
Fläche (f)	площ (ж)	[ploʃt]

Gramm (n)	грам (м)	[gram]
Milligramm (n)	милиграм (м)	[miligrám]
Kilo (n)	килограм (м)	[kilográm]
Tonne (f)	тон (м)	[ton]
Pfund (n)	фунт (м)	[funt]
Unze (f)	унция (ж)	[úntsija]

Meter (m)	метър (м)	[métər]
Millimeter (m)	милиметър (м)	[milimétər]
Zentimeter (m)	сантиметър (м)	[santimétər]
Kilometer (m)	километър (м)	[kilométər]
Meile (f)	миля (ж)	[mílʲa]

Zoll (m)	дюйм (м)	[dʲujm]
Fuß (m)	фут (м)	[fut]
Yard (n)	ярд (м)	[jart]

Quadratmeter (m)	квадратен метър (м)	[kvadráten métər]
Hektar (n)	хектар (м)	[ħektár]
Liter (m)	литър (м)	[lítər]
Grad (m)	градус (м)	[grádus]
Volt (n)	волт (м)	[volt]
Ampere (n)	ампер (м)	[ampér]
Pferdestärke (f)	конска сила (ж)	[kónska síla]

Anzahl (f)	количество (с)	[kolítʃestvo]
etwas …	малко …	[málko]
Hälfte (f)	половина (ж)	[polovína]
Dutzend (n)	дузина (ж)	[duzína]
Stück (n)	брой (м)	[broj]

| Größe (f) | размер (м) | [razmér] |
| Maßstab (m) | мащаб (м) | [maʃtáp] |

minimal (Adj)	минимален	[minimálen]
der kleinste	най-малък	[naj-málək]
mittler, mittel-	среден	[sréden]
maximal (Adj)	максимален	[maksimálen]
der größte	най-голям	[naj-goʲám]

12. Behälter

| Glas (Einmachglas) | буркан (м) | [burkán] |
| Dose (z.B. Bierdose) | тенекия (ж) | [tenekíja] |

| Eimer (m) | кофа (ж) | [kófa] |
| Fass (n), Tonne (f) | бъчва (ж) | [bétʃva] |

Waschschüssel (n)	леген (м)	[legén]
Tank (m)	резервоар (м)	[rezervoár]
Flachmann (m)	манерка (ж)	[manérka]
Kanister (m)	туба (ж)	[túba]
Zisterne (f)	цистерна (ж)	[tsistérna]

Kaffeebecher (m)	чаша (ж)	[ʧáʃa]
Tasse (f)	чаша (ж)	[ʧáʃa]
Untertasse (f)	чинийка (ж)	[ʧiníjka]
Wasserglas (n)	стакан (м)	[stakán]
Weinglas (n)	чаша (ж) за вино	[ʧáʃa za víno]
Kochtopf (m)	тенджера (ж)	[téndʒera]

| Flasche (f) | бутилка (ж) | [butílka] |
| Flaschenhals (m) | гърло (с) на бутилка | [gérlo na butílka] |

Karaffe (f)	гарафа (ж)	[garáfa]
Tonkrug (m)	кана (ж)	[kána]
Gefäß (n)	съд (м)	[sət]
Tontopf (m)	гърне (с)	[gərné]
Vase (f)	ваза (ж)	[váza]

Flakon (n)	шишенце (с)	[ʃiʃéntse]
Fläschchen (n)	шишенце (с)	[ʃiʃéntse]
Tube (z.B. Zahnpasta)	тубичка (ж)	[túbiʧka]

Sack (~ Kartoffeln)	чувал (м)	[ʧuvál]
Tüte (z.B. Plastiktüte)	плик (м)	[plik]
Schachtel (z.B. Zigaretten~)	кутия (ж)	[kutíja]

| Karton (z.B. Schuhkarton) | кутия (ж) | [kutíja] |

| Kiste (z.B. Bananenkiste) | щайга (ж) | [ʃtájga] |

| Korb (m) | кошница (ж) | [kóʃnitsa] |

DIE WICHTIGSTEN VERBEN

13. Die wichtigsten Verben. Teil 1
14. Die wichtigsten Verben. Teil 2
15. Die wichtigsten Verben. Teil 3
16. Die wichtigsten Verben. Teil 4

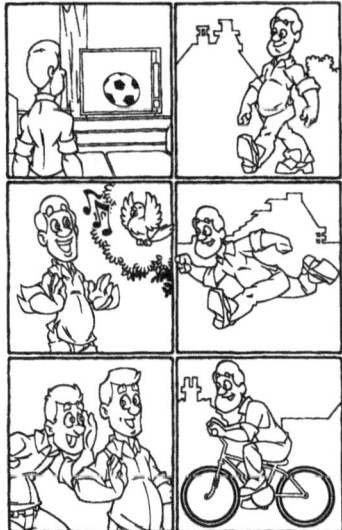

T&P Books Publishing

13. Die wichtigsten Verben. Teil 1

abbiegen (nach links ~)	завивам	[zavívam]
abschicken (vt)	изпращам	[ispráʃtam]
ändern (vt)	сменям	[sménʲam]
andeuten (vt)	намеквам	[namékvam]
Angst haben	страхувам се	[strahúvam se]
ankommen (vi)	пристигам	[pristígam]
antworten (vi)	отговарям	[otgovárʲam]
arbeiten (vi)	работя	[rabótʲa]
auf … zählen	разчитам на …	[rasʧítam na]
aufbewahren (vt)	съхранявам	[səhranʲávam]
aufschreiben (vt)	записвам	[zapísvam]
ausgehen (vi)	излизам	[izlízam]
aussprechen (vt)	произнасям	[proiznásʲam]
bedauern (vt)	съжалявам	[səʒalʲávam]
bedeuten (vt)	означавам	[oznaʧávam]
beenden (vt)	приключвам	[priklʲúʧvam]
befehlen (Milit.)	заповядвам	[zapovʲádvam]
befreien (Stadt usw.)	освобождавам	[osvoboʒdávam]
beginnen (vt)	започвам	[zapóʧvam]
bemerken (vt)	забелязвам	[zabelʲázvam]
beobachten (vt)	наблюдавам	[nablʲudávam]
berühren (vt)	пипам	[pípam]
besitzen (vt)	владея	[vladéja]
besprechen (vt)	обсъждам	[obsəʒdam]
bestehen auf	настоявам	[nastojávam]
bestellen (im Restaurant)	поръчвам	[poréʧvam]
bestrafen (vt)	наказвам	[nakázvam]
beten (vi)	моля се	[mólʲa se]
bitten (vt)	моля	[mólʲa]
brechen (vt)	чупя	[ʧúpʲa]
denken (vi, vt)	мисля	[míslʲa]
drohen (vi)	заплашвам	[zapláʃvam]
Durst haben	искам да пия	[ískam da píja]
einladen (vt)	каня	[kánʲa]
einstellen (vt)	прекратявам	[prekratʲávam]
einwenden (vt)	възразявам	[vəzrazʲávam]
empfehlen (vt)	съветвам	[səvétvam]
erklären (vt)	обяснявам	[obʲasnʲávam]

erlauben (vt)	разрешавам	[razreʃávam]
ermorden (vt)	убивам	[ubívam]
erwähnen (vt)	споменавам	[spomenávam]
existieren (vi)	съществувам	[səʃtestvúvam]

14. Die wichtigsten Verben. Teil 2

fallen (vi)	падам	[pádam]
fallen lassen	изтървавам	[istərvávam]
fangen (vt)	ловя	[lovʲá]
finden (vt)	намирам	[namíram]
fliegen (vi)	летя	[letʲá]
folgen (Folge mir!)	вървя след ...	[varvʲá slet]
fortsetzen (vt)	продължавам	[prodəʒávam]
fragen (vt)	питам	[pítam]
frühstücken (vi)	закусвам	[zakúsvam]
geben (vt)	давам	[dávam]
gefallen (vi)	харесвам	[harésvam]
gehen (zu Fuß gehen)	вървя	[vərvʲá]
gehören (vi)	принадлежа ...	[prinadleʒá]
graben (vt)	ровя	[róvʲa]
haben (vt)	имам	[ímam]
helfen (vi)	помагам	[pomágam]
herabsteigen (vi)	слизам	[slízam]
hereinkommen (vi)	влизам	[vlízam]
hoffen (vi)	надявам се	[nadʲávam se]
hören (vt)	чувам	[tʃúvam]
hungrig sein	искам да ям	[ískam da jam]
informieren (vt)	информирам	[informíram]
jagen (vi)	ловувам	[lovúvam]
kennen (vt)	познавам	[poznávam]
klagen (vi)	оплаквам се	[oplákvam se]
können (v mod)	мога	[móga]
kontrollieren (vt)	контролирам	[kontrolíram]
kosten (vt)	струвам	[strúvam]
kränken (vt)	оскърбявам	[oskərbʲávam]
lächeln (vi)	усмихвам се	[usmíhvam se]
lachen (vi)	смея се	[sméja se]
laufen (vi)	бягам	[bʲágam]
leiten (Betrieb usw.)	ръководя	[rəkovódʲa]
lernen (vt)	изучавам	[izutʃávam]
lesen (vi, vt)	чета	[tʃeta]
lieben (vt)	обичам	[obítʃam]

machen (vt)	правя	[právʲa]
mieten (Haus usw.)	наемам	[naémam]
nehmen (vt)	взимам	[vzímam]
noch einmal sagen	повтарям	[poftárʲam]
nötig sein	трябвам	[trʲábvam]
öffnen (vt)	отварям	[otvárʲam]

15. Die wichtigsten Verben. Teil 3

planen (vt)	планирам	[planíram]
prahlen (vi)	хваля се	[hválʲa se]
raten (vt)	съветвам	[səvétvam]
rechnen (vt)	броя	[brojá]
reservieren (vt)	резервирам	[rezervíram]

retten (vt)	спасявам	[spasʲávam]
richtig raten (vt)	отгатна	[otgátna]
rufen (um Hilfe ~)	викам	[víkam]
sagen (vt)	кажа	[káʒa]
schaffen (Etwas Neues zu ~)	създам	[səzdám]

schelten (vt)	ругая	[rugája]
schießen (vi)	стрелям	[strélʲam]
schmücken (vt)	украсявам	[ukrasʲávam]

| schreiben (vi, vt) | пиша | [píʃa] |
| schreien (vi) | викам | [víkam] |

| schweigen (vi) | мълча | [məltʃá] |
| schwimmen (vi) | плувам | [plúvam] |

| schwimmen gehen | къпя се | [kəpʲa se] |
| sehen (vi, vt) | виждам | [víʒdam] |

| sein (vi) | съм, бъда | [səm], [bəda] |
| sich beeilen | бързам | [bərzam] |

sich interessieren	интересувам се	[interesúvam se]
sich irren	греша	[greʃá]
sich setzen	сядам	[sʲádam]

| sich weigern | отказвам се | [otkázvam se] |
| spielen (vi, vt) | играя | [igrája] |

sprechen (vi)	говоря	[govórʲa]
staunen (vi)	удивлявам се	[udivlʲávam se]
stehlen (vt)	крада	[kradá]
stoppen (vt)	спирам се	[spíram se]
suchen (vt)	търся	[térsʲa]

16. Die wichtigsten Verben. Teil 4

täuschen (vt)	лъжа	[léʒa]
teilnehmen (vi)	участвам	[utʃástvam]
übersetzen (Buch usw.)	превеждам	[prevéʒdam]
unterschätzen (vt)	недооценявам	[nedootsenʲávam]
unterschreiben (vt)	подписвам	[potpísvam]
vereinigen (vt)	обединявам	[obedinʲávam]
vergessen (vt)	забравям	[zabrávʲam]
vergleichen (vt)	сравнявам	[sravnʲávam]
verkaufen (vt)	продавам	[prodávam]
verlangen (vt)	изисквам	[izískvam]
versäumen (vt)	пропускам	[propúskam]
versprechen (vt)	обещавам	[obeʃtávam]
verstecken (vt)	крия	[kríja]
verstehen (vt)	разбирам	[razbíram]
versuchen (vt)	опитвам се	[opítvam se]
verteidigen (vt)	защитавам	[zaʃtitávam]
vertrauen (vi)	доверявам	[doverʲávam]
verwechseln (vt)	обърквам	[obérkvam]
verzeihen (vi, vt)	извинявам	[izvinʲávam]
verzeihen (vt)	прощавам	[proʃtávam]
voraussehen (vt)	предвиждам	[predvíʒdam]
vorschlagen (vt)	предлагам	[predlágam]
vorziehen (vt)	предпочитам	[pretpotʃítam]
wählen (vt)	избирам	[izbíram]
warnen (vt)	предупреждавам	[predupreʒdávam]
warten (vi)	чакам	[tʃákam]
weinen (vi)	плача	[plátʃa]
wissen (vt)	знам	[znam]
Witz machen	шегувам се	[ʃegúvam se]
wollen (vt)	искам	[ískam]
zahlen (vt)	плащам	[pláʃtam]
zeigen (jemandem etwas)	показвам	[pokázvam]
zu Abend essen	вечерям	[vetʃérʲam]
zu Mittag essen	обядвам	[obʲádvam]
zubereiten (vt)	готвя	[gótvʲa]
zustimmen (vi)	съгласявам се	[səglasʲávam se]
zweifeln (vi)	съмнявам се	[səmnʲávam se]

ZEIT. KALENDER

17. Wochentage
18. Stunden. Tag und Nacht
19. Monate. Jahreszeiten

T&P Books Publishing

Montag (m)	понеделник (м)	[ponedélnik]
Dienstag (m)	вторник (м)	[ftórnik]
Mittwoch (m)	сряда (ж)	[srʲáda]
Donnerstag (m)	четвъртък (м)	[tʃetvártək]
Freitag (m)	петък (м)	[pétək]
Samstag (m)	събота (ж)	[sébota]
Sonntag (m)	неделя (ж)	[nedélʲa]
heute	днес	[dnes]
morgen	утре	[útre]
übermorgen	вдругиден	[vdrugidén]
gestern	вчера	[vtʃéra]
vorgestern	завчера	[závtʃera]
Tag (m)	ден (м)	[den]
Arbeitstag (m)	работен ден (м)	[rabóten den]
Feiertag (m)	празничен ден (м)	[práznitʃen den]
freier Tag (m)	почивен ден (м)	[potʃíven dén]
Wochenende (n)	почивни дни (м мн)	[potʃívni dni]
den ganzen Tag	цял ден	[tsʲal den]
am nächsten Tag	на следващия ден	[na slédvaʃtija den]
zwei Tage vorher	преди два дена	[predí dva déna]
am Vortag	в навечерието	[v navetʃérieto]
täglich (Adj)	всекидневен	[fsekidnéven]
täglich (Adv)	всекидневно	[fsekidnévno]
Woche (f)	седмица (ж)	[sédmitsa]
letzte Woche	през миналата седмица	[pres mínalata sédmitsa]
nächste Woche	през следващата седмица	[pres slédvaʃtata sédmitsa]
wöchentlich (Adj)	седмичен	[sédmitʃen]
wöchentlich (Adv)	седмично	[sédmitʃno]
zweimal pro Woche	два пъти на седмица	[dva pətí na sédmitsa]
jeden Dienstag	всеки вторник	[fséki ftórnik]

Morgen (m)	сутрин (ж)	[sútrin]
morgens	сутринта	[sutrintá]
Mittag (m)	пладне (с)	[pládne]
nachmittags	следобед	[sledóbet]

Abend (m)	вечер (ж)	[vétʃer]
abends	вечер	[vétʃer]
Nacht (f)	нощ (ж)	[noʃt]
nachts	нощем	[nóʃtem]
Mitternacht (f)	полунощ (ж)	[polunóʃt]
Sekunde (f)	секунда (ж)	[sekúnda]
Minute (f)	минута (ж)	[minúta]
Stunde (f)	час (м)	[tʃas]
eine halbe Stunde	половин час (м)	[polovín tʃas]
Viertelstunde (f)	четвърт (ж) час	[tʃétvərt tʃas]
fünfzehn Minuten	петнадесет минути	[petnádeset minúti]
Tag und Nacht	денонощие (с)	[denonóʃtie]
Sonnenaufgang (m)	изгрев слънце (с)	[ízgrev slántsə]
Morgendämmerung (f)	разсъмване (с)	[rassémvane]
früher Morgen (m)	ранна сутрин (ж)	[ránna sútrin]
Sonnenuntergang (m)	залез (м)	[zález]
früh am Morgen	рано сутрин	[ráno sútrin]
heute Morgen	тази сутрин	[tázi sútrin]
morgen früh	утре сутрин	[útre sútrin]
heute Mittag	днес през деня	[dnes pres denⁱá]
nachmittags	следобед	[sledóbet]
morgen Nachmittag	утре следобед	[útre sledóbet]
heute Abend	довечера	[dovétʃera]
morgen Abend	утре вечер	[útre vétʃer]
Punkt drei Uhr	точно в три часа	[tótʃno v tri tʃasá]
gegen vier Uhr	около четири часа	[ókolo tʃétiri tʃasá]
um zwölf Uhr	към дванадесет часа	[kəm dvanádeset tʃasá]
in zwanzig Minuten	след двадесет минути	[slet dvádeset minúti]
in einer Stunde	след един час	[slet edín tʃas]
rechtzeitig (Adv)	навреме	[navréme]
Viertel vor …	без четвърт …	[bes tʃétvərt]
innerhalb einer Stunde	в течение на един час	[v tetʃénie na edín tʃas]
alle fünfzehn Minuten	на всеки петнадесет минути	[na fséki petnádeset minúti]
Tag und Nacht	цяло денонощие	[tsⁱálo denonóʃtie]

19. Monate. Jahreszeiten

Januar (m)	януари (м)	[januári]
Februar (m)	февруари (м)	[fevruári]
März (m)	март (м)	[mart]
April (m)	април (м)	[apríl]

| Mai (m) | май (м) | [maj] |
| Juni (m) | юни (м) | [júni] |

Juli (m)	юли (м)	[júli]
August (m)	август (м)	[ávgust]
September (m)	септември (м)	[septémvri]
Oktober (m)	октомври (м)	[októmvri]
November (m)	ноември (м)	[noémvri]
Dezember (m)	декември (м)	[dekémvri]

Frühling (m)	пролет (ж)	[prólet]
im Frühling	през пролетта	[prez prolettá]
Frühlings-	пролетен	[próleten]

Sommer (m)	лято (с)	[lʲáto]
im Sommer	през лятото	[prez lʲátoto]
Sommer-	летен	[léten]

Herbst (m)	есен (ж)	[ésen]
im Herbst	през есента	[prez esentá]
Herbst-	есенен	[ésenen]

Winter (m)	зима (ж)	[zíma]
im Winter	през зимата	[prez zímata]
Winter-	зимен	[zímen]

Monat (m)	месец (м)	[mésets]
in diesem Monat	през този месец	[pres tózi mésets]
nächsten Monat	през следващия месец	[prez slédvaʃtija mésets]
letzten Monat	през миналия месец	[prez mínalija mésets]

vor einem Monat	преди един месец	[predí edín mésets]
über eine Monat	след един месец	[slet edín mésets]
in zwei Monaten	след два месеца	[slet dva mésetsa]
den ganzen Monat	цял месец	[tsʲal mésets]

monatlich (Adj)	месечен	[mésetʃen]
monatlich (Adv)	месечно	[mésetʃno]
jeden Monat	всеки месец	[fséki mésets]
zweimal pro Monat	два пъти на месец	[dva péti na mésets]

Jahr (n)	година (ж)	[godína]
dieses Jahr	тази година	[tázi godína]
nächstes Jahr	през следващата година	[prez slédvaʃtata godína]
voriges Jahr	през миналата година	[prez mínalata godína]

vor einem Jahr	преди една година	[predí edná godína]
in einem Jahr	след една година	[slet edná godína]
in zwei Jahren	след две години	[slet dve godíni]
das ganze Jahr	цяла година	[tsʲála godína]
jedes Jahr	всяка година	[fsʲáka godína]

jährlich (Adj)	**ежегоден**	[eʒegóden]
jährlich (Adv)	**ежегодно**	[eʒegódno]
viermal pro Jahr	**четири пъти годишно**	[tʃátiri páti godíʃno]
Datum (heutige ~)	**число** (c)	[tʃisló]
Datum (Geburts-)	**дата** (ж)	[dáta]
Kalender (m)	**календар** (м)	[kalendár]
ein halbes Jahr	**половин година**	[polovín godína]
Halbjahr (n)	**полугодие** (c)	[polugódie]
Saison (f)	**сезон** (м)	[sezón]
Jahrhundert (n)	**век** (м)	[vek]

T&P BOOKS

REISEN. HOTEL

20. Ausflug. Reisen
21. Hotel
22. Sehenswürdigkeiten

USD   CAD
EUR   CHF
JPY   HKD
GBP   CNY

RECEPTION

T&P Books Publishing

Tourismus (m)	туризъм (м)	[turízəm]
Tourist (m)	турист (м)	[turíst]
Reise (f)	пътешествие (c)	[pəteʃéstvie]
Abenteuer (n)	приключение (c)	[priklʲutʃénie]
Fahrt (f)	пътуване (c)	[pətúvane]
Urlaub (m)	отпуска (ж)	[ótpuska]
auf Urlaub sein	бъда в отпуска	[bέda v ótpuska]
Erholung (f)	почивка (ж)	[potʃífka]
Zug (m)	влак (м)	[vlak]
mit dem Zug	с влак	[s vlak]
Flugzeug (n)	самолет (м)	[samolét]
mit dem Flugzeug	със самолет	[səs samolét]
mit dem Auto	с кола	[s kolá]
mit dem Schiff	с кораб	[s kórap]
Gepäck (n)	багаж (м)	[bagáʃ]
Koffer (m)	куфар (м)	[kúfar]
Gepäckwagen (m)	количка (ж) за багаж	[kolítʃka za bagáʃ]
Pass (m)	паспорт (м)	[paspórt]
Visum (n)	виза (ж)	[víza]
Fahrkarte (f)	билет (м)	[bilét]
Flugticket (n)	самолетен билет (м)	[samoléten bilét]
Reiseführer (m)	пътеводител (м)	[pətevodítel]
Landkarte (f)	карта (ж)	[kárta]
Gegend (f)	местност (ж)	[méstnost]
Ort (wunderbarer ~)	място (c)	[mʲásto]
Exotika (pl)	екзотика (ж)	[ekzótika]
exotisch	екзотичен	[ekzotítʃen]
erstaunlich (Adj)	удивителен	[udivítelen]
Gruppe (f)	група (ж)	[grúpa]
Ausflug (m)	екскурзия (ж)	[ekskúrzija]
Reiseleiter (m)	гид (м)	[git]

Hotel (n)	хотел (м)	[hotél]
Motel (n)	мотел (м)	[motél]

drei Sterne	три звезди	[tri zvezdí]
fünf Sterne	пет звезди	[pet zvezdí]
absteigen (vi)	отсядам	[otsʲádam]

Hotelzimmer (n)	стая (ж) в хотел	[stája f hotél]
Einzelzimmer (n)	единична стая (ж)	[edinítʃna stája]
Zweibettzimmer (n)	двойна стая (ж)	[dvójna stája]
reservieren (vt)	резервирам стая	[rezervíram stája]

| Halbpension (f) | полупансион (м) | [polupansión] |
| Vollpension (f) | пълен пансион (м) | [pélen pansión] |

mit Bad	с баня	[s bánʲa]
mit Dusche	с душ	[s duʃ]
Satellitenfernsehen (n)	сателитна телевизия (ж)	[satelítna televízija]
Klimaanlage (f)	климатик (м)	[klimatík]
Handtuch (n)	кърпа (ж)	[kérpa]
Schlüssel (m)	ключ (м)	[klʲutʃ]

Verwalter (m)	администратор (м)	[administrátor]
Zimmermädchen (n)	камериерка (ж)	[kameriérka]
Träger (m)	носач (м)	[nosátʃ]
Portier (m)	портиер (м)	[portiér]

Restaurant (n)	ресторант (м)	[restoránt]
Bar (f)	бар (м)	[bar]
Frühstück (n)	закуска (ж)	[zakúska]
Abendessen (n)	вечеря (ж)	[vetʃérʲa]
Buffet (n)	шведска маса (ж)	[ʃvétska mása]

| Foyer (n) | вестибюл (м) | [vestibʲúl] |
| Aufzug (m), Fahrstuhl (m) | асансьор (м) | [asansʲór] |

| BITTE NICHT STÖREN! | НЕ МЕ БЕЗПОКОЙТЕ! | [ne me bespokójte] |
| RAUCHEN VERBOTEN! | ПУШЕНЕТО ЗАБРАНЕНО! | [puʃenéto zabráneno] |

22. Sehenswürdigkeiten

Denkmal (n)	паметник (м)	[pámetnik]
Festung (f)	крепост (ж)	[krépost]
Palast (m)	дворец (м)	[dvoréts]
Schloss (n)	замък (м)	[zámək]
Turm (m)	кула (ж)	[kúla]
Mausoleum (n)	мавзолей (м)	[mavzoléj]

Architektur (f)	архитектура (ж)	[arhitektúra]
mittelalterlich	средновековен	[srednovekóven]
alt (antik)	старинен	[starínen]
national	национален	[natsionálen]

berühmt	известен	[izvésten]
Tourist (m)	турист (м)	[turíst]
Fremdenführer (m)	гид (м)	[git]
Ausflug (m)	екскурзия (ж)	[ekskúrzija]
zeigen (vt)	показвам	[pokázvam]
erzählen (vt)	разказвам	[raskázvam]
finden (vt)	намеря	[namérja]
sich verlieren	загубя се	[zagúbʲa se]
Karte (U-Bahn ~)	схема (ж)	[shéma]
Karte (Stadt-)	план (м)	[plan]
Souvenir (n)	сувенир (м)	[suvenír]
Souvenirladen (m)	сувенирен магазин (м)	[suveníren magazín]
fotografieren (vt)	снимам	[snímam]
sich fotografieren	снимам се	[snímam se]

T&P BOOKS

TRANSPORT

23. Flughafen
24. Flugzeug
25. Zug
26. Schiff

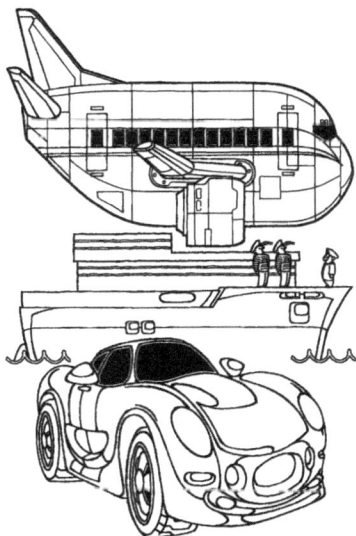

T&P Books Publishing

Flughafen (m)	летище (c)	[letíʃte]
Flugzeug (n)	самолет (м)	[samolét]
Fluggesellschaft (f)	авиокомпания (ж)	[aviokompánija]
Fluglotse (m)	авиодиспечер (м)	[aviodispétʃer]
Abflug (m)	излитане (c)	[izlítane]
Ankunft (f)	кацане (c)	[kátsane]
anfliegen (vi)	кацна	[kátsna]
Abflugzeit (f)	време (c) на излитане	[vréme na izlítane]
Ankunftszeit (f)	време (c) на кацане	[vréme na kátsane]
sich verspäten	закъснявам	[zakəsnʲávam]
Abflugverspätung (f)	закъснение (c) на излитане	[zakəsnénie na izlítane]
Anzeigetafel (f)	информационно табло (c)	[informatsiónno tabló]
Information (f)	информация (ж)	[informátsija]
ankündigen (vt)	обявявам	[obʲavʲávam]
Flug (m)	рейс (м)	[rejs]
Zollamt (n)	мѝтница (ж)	[mítnitsa]
Zollbeamter (m)	митничар (м)	[mitnitʃár]
Zolldeklaration (f)	декларация (ж)	[deklarátsija]
ausfüllen (vt)	попълня	[popélnʲa]
die Zollerklärung ausfüllen	попълня декларация	[popélnʲa deklarátsija]
Passkontrolle (f)	паспортен контрол (м)	[paspórten kontról]
Gepäck (n)	багаж (м)	[bagáʃ]
Handgepäck (n)	ръчен багаж (м)	[rétʃen bagáʃ]
Kofferkuli (m)	количка (ж)	[kolítʃka]
Landung (f)	кацане (c)	[kátsane]
Landebahn (f)	пѝста (ж) за кацане	[písta za kátsane]
landen (vi)	кацам	[kátsam]
Fluggasttreppe (f)	стълба (ж)	[stélba]
Check-in (n)	регистрация (ж)	[registrátsija]
Check-in-Schalter (m)	гише (c) за регистрация	[giʃé za registrátsija]
sich registrieren lassen	регистрирам се	[registríram se]
Bordkarte (f)	бордна карта (ж)	[bórdna kárta]
Abfluggate (n)	излизане (c)	[izlízane]

Transit (m)	транзит (м)	[tranzít]
warten (vi)	чакам	[tʃákam]
Wartesaal (m)	чакалня (ж)	[tʃakálnʲa]
begleiten (vt)	изпращам	[ispráʃtam]
sich verabschieden	сбогувам се	[sbogúvam se]

24. Flugzeug

Flugzeug (n)	самолет (м)	[samolét]
Flugticket (n)	самолетен билет (м)	[samoléten bilét]
Fluggesellschaft (f)	авиокомпания (ж)	[aviokompánija]
Flughafen (m)	летище (с)	[letíʃte]
Überschall-	свръхзвуков	[svrəh·zvúkov]

Flugkapitän (m)	командир (м) на самолет	[komandír na samolét]
Besatzung (f)	екипаж (м)	[ekipáʒ]
Pilot (m)	пилот (м)	[pilót]
Flugbegleiterin (f)	стюардеса (ж)	[stʲuardésa]
Steuermann (m)	щурман (м)	[ʃtúrman]

Flügel (pl)	крила (мн)	[krilá]
Schwanz (m)	опашка (ж)	[opáʃka]
Kabine (f)	кабина (ж)	[kabína]
Motor (m)	двигател (м)	[dvigátel]
Fahrgestell (n)	шаси (мн)	[ʃasí]
Turbine (f)	турбина (ж)	[turbína]

Propeller (m)	перка (ж)	[pérka]
Flugschreiber (m)	черна кутия (ж)	[tʃérna kutíja]
Steuerrad (n)	кормило (с)	[kormílo]
Treibstoff (m)	гориво (с)	[gorívo]

Sicherheitskarte (f)	инструкция (ж)	[instrúktsija]
Sauerstoffmaske (f)	кислородна маска (ж)	[kisloródna máska]
Uniform (f)	униформа (ж)	[unifórma]
Rettungsweste (f)	спасителна жилетка (ж)	[spasítelna ʒilétka]
Fallschirm (m)	парашут (м)	[paraʃút]

Abflug, Start (m)	излитане (с)	[izlítane]
starten (vi)	излитам	[izlítam]
Startbahn (f)	писта (ж) за излитане	[písta za izlítane]

Sicht (f)	видимост (ж)	[vídimost]
Flug (m)	полет (м)	[pólet]
Höhe (f)	височина (ж)	[visotʃiná]
Luftloch (n)	въздушна яма (ж)	[vəzdúʃna jáma]

| Platz (m) | място (с) | [mʲásto] |
| Kopfhörer (m) | слушалки (ж мн) | [sluʃálki] |

Klapptisch (m)	прибираща се масичка (ж)	[pribíraʃta se másitʃka]
Bullauge (n)	илюминатор (м)	[ilʲuminátor]
Durchgang (m)	проход (м)	[próhot]

25. Zug

Zug (m)	влак (м)	[vlak]
elektrischer Zug (m)	електрически влак (м)	[elektrítʃeski vlak]
Schnellzug (m)	бърз влак (м)	[bɤrz vlak]
Diesellok (f)	дизелов локомотив (м)	[dízelof lokomotíf]
Dampflok (f)	парен локомотив (м)	[páren lokomotíf]
Personenwagen (m)	вагон (м)	[vagón]
Speisewagen (m)	вагон-ресторант (м)	[vagón-restoránt]
Schienen (pl)	релси (ж мн)	[rélsi]
Eisenbahn (f)	железница (ж)	[ʒeléznitsa]
Bahnschwelle (f)	траверса (ж)	[travérsa]
Bahnsteig (m)	платформа (ж)	[platfórma]
Gleis (n)	коловоз (м)	[kolovós]
Eisenbahnsignal (n)	семафор (м)	[semafór]
Station (f)	гара (ж)	[gára]
Lokomotivführer (m)	машинист (м)	[maʃiníst]
Träger (m)	носач (м)	[nosátʃ]
Schaffner (m)	стюард (м)	[stʲuárt]
Fahrgast (m)	пътник (м)	[pétnik]
Fahrkartenkontrolleur (m)	контрольор (м)	[kontrolʲór]
Flur (m)	коридор (м)	[koridór]
Notbremse (f)	аварийна спирачка (ж)	[avaríjna spirátʃka]
Abteil (n)	купе (с)	[kupé]
Liegeplatz (m), Schlafkoje (f)	легло (с)	[legló]
oberer Liegeplatz (m)	горно легло (с)	[górno legló]
unterer Liegeplatz (m)	долно легло (с)	[dólno legló]
Bettwäsche (f)	спално бельо (с)	[spálno belʲó]
Fahrkarte (f)	билет (м)	[bilét]
Fahrplan (m)	разписание (с)	[raspisánie]
Anzeigetafel (f)	табло (с)	[tabló]
abfahren (der Zug)	заминавам	[zaminávam]
Abfahrt (f)	заминаване (с)	[zaminávane]
ankommen (der Zug)	пристигам	[pristígam]
Ankunft (f)	пристигане (с)	[pristígane]
mit dem Zug kommen	пристигна с влак	[pristígna s vlak]
in den Zug einsteigen	качвам се във влак	[kátʃvam se vəf vlak]

aus dem Zug aussteigen	слизам от влак	[slízam ot vlak]
Zugunglück (n)	катастрофа (ж)	[katastrófa]
entgleisen (vi)	дерайлирам	[derajlíram]
Dampflok (f)	парен локомотив (м)	[páren lokomotíf]
Heizer (m)	огняр (м)	[ognʲár]
Feuerbüchse (f)	пещ (м) на локомотив	[peʃt na lokomotíf]
Kohle (f)	въглища (ж)	[véɡliʃta]

26. Schiff

Schiff (n)	кораб (м)	[kórap]
Fahrzeug (n)	плавателен съд (м)	[plavátelen sət]
Dampfer (m)	параход (м)	[parahót]
Motorschiff (n)	моторен кораб (м)	[motóren kórap]
Kreuzfahrtschiff (n)	рейсов кораб (м)	[réjsov kórap]
Kreuzer (m)	крайцер (м)	[krájtser]
Jacht (f)	яхта (ж)	[jáhta]
Schlepper (m)	влекач (м)	[vlekátʃ]
Lastkahn (m)	шлеп (м)	[ʃlep]
Fähre (f)	сал (м)	[sal]
Segelschiff (n)	платноходка (ж)	[platnohótka]
Brigantine (f)	бригантина (ж)	[brigantína]
Eisbrecher (m)	ледоразбивач (м)	[ledo·razbivátʃ]
U-Boot (n)	подводница (ж)	[podvódnitsa]
Boot (n)	лодка (ж)	[lótka]
Dingi (n), Beiboot (n)	лодка (ж)	[lótka]
Rettungsboot (n)	спасителна лодка (ж)	[spasítelna lótka]
Motorboot (n)	катер (м)	[káter]
Kapitän (m)	капитан (м)	[kapitán]
Matrose (m)	матрос (м)	[matrós]
Seemann (m)	моряк (м)	[morʲák]
Besatzung (f)	екипаж (м)	[ekipáʒ]
Bootsmann (m)	боцман (м)	[bótsman]
Schiffsjunge (m)	юнга (м)	[júnga]
Schiffskoch (m)	корабен готвач (м)	[kóraben gotvátʃ]
Schiffsarzt (m)	корабен лекар (м)	[kóraben lékar]
Deck (n)	палуба (ж)	[páluba]
Mast (m)	мачта (ж)	[mátʃta]
Segel (n)	корабно платно (с)	[kórabno platnó]
Schiffsraum (m)	трюм (м)	[trʲum]
Bug (m)	нос (м)	[nos]

Heck (n)	кърма (ж)	[kərmá]
Ruder (n)	гребло (c)	[grebló]
Schraube (f)	витло (c)	[vitló]

Kajüte (f)	каюта (ж)	[kajúta]
Messe (f)	каюткомпания (ж)	[kajut kompánija]
Maschinenraum (m)	машинно отделение (c)	[maʃínno otdelénie]
Kommandobrücke (f)	капитански мостик (м)	[kapitánski móstik]
Funkraum (m)	радиобудка (ж)	[rádiobútka]
Radiowelle (f)	вълна (ж)	[vəlná]
Schiffstagebuch (n)	корабен дневник (м)	[kóraben dnévnik]

Fernrohr (n)	далекоглед (м)	[dalekoglét]
Glocke (f)	камбана (ж)	[kambána]
Fahne (f)	знаме (c)	[známe]

| Seil (n) | дебело въже (c) | [debélo vəʒé] |
| Knoten (m) | възел (м) | [vəzel] |

| Geländer (n) | дръжка (ж) | [dréʃka] |
| Treppe (f) | трап (м) | [trap] |

Anker (m)	котва (ж)	[kótva]
den Anker lichten	вдигна котва	[vdígna kótva]
Anker werfen	хвърля котва	[hvérlʲa kótva]
Ankerkette (f)	котвена верига (ж)	[kótvena veríga]

Hafen (m)	пристанище (c)	[pristániʃte]
Anlegestelle (f)	кей (м)	[kej]
anlegen (vi)	акостирам	[akostíram]
abstoßen (vt)	отплувам	[otplúvam]

Reise (f)	пътешествие (c)	[pəteʃéstvie]
Kreuzfahrt (f)	морско пътешествие (c)	[mórsko pəteʃéstvie]
Kurs (m), Richtung (f)	курс (м)	[kurs]
Reiseroute (f)	маршрут (м)	[marʃrút]

Fahrwasser (n)	фарватер (м)	[farváter]
Untiefe (f)	плитчина (ж)	[plittʃiná]
stranden (vi)	заседна на плитчина	[zasédna na plittʃiná]

Sturm (m)	буря (ж)	[búrʲa]
Signal (n)	сигнал (м)	[signál]
untergehen (vi)	потъвам	[potévam]
SOS	SOS	[sos]
Rettungsring (m)	спасителен пояс (м)	[spasítilen pójas]

T&P BOOKS

STADT

27. Innerstädtischer Transport
28. Stadt. Leben in der Stadt
29. Innerstädtische Einrichtungen
30. Schilder
31. Shopping

T&P Books Publishing

Bus (m)	автобус (м)	[aftobús]
Straßenbahn (f)	трамвай (м)	[tramváj]
Obus (m)	тролей (м)	[troléj]
Linie (f)	маршрут (м)	[marʃrút]
Nummer (f)	номер (м)	[nómer]
mit ... fahren	пътувам с ...	[pətúvam s]
einsteigen (vi)	качвам се в ...	[kátʃvam se v]
aussteigen (aus dem Bus)	сляза от ...	[slʲáza ot]
Haltestelle (f)	спирка (ж)	[spírka]
nächste Haltestelle (f)	следваща спирка (ж)	[slédvaʃta spírka]
Endhaltestelle (f)	последна спирка (ж)	[poslédna spírka]
Fahrplan (m)	разписание (с)	[raspisánie]
warten (vi, vt)	чакам	[tʃákam]
Fahrkarte (f)	билет (м)	[bilét]
Fahrpreis (m)	цена (ж) на билета	[tsená na biléta]
Kassierer (m)	касиер (м)	[kasiér]
Fahrkartenkontrolle (f)	контрола (ж)	[kontróla]
Fahrkartenkontrolleur (m)	контрольор (м)	[kontrolʲór]
sich verspäten	закъснявам	[zakəsnʲávam]
versäumen (Zug usw.)	закъснея за ...	[zakəsnéja za]
sich beeilen	бързам	[bérzam]
Taxi (n)	такси (с)	[taksí]
Taxifahrer (m)	таксиметров шофьор (м)	[taksimétrof ʃofʲór]
mit dem Taxi	с такси	[s taksí]
Taxistand (m)	пиаца (ж) на такси	[piátsa na taksí]
ein Taxi rufen	извикам такси	[izvíkam taksí]
ein Taxi nehmen	взема такси	[vzéma taksí]
Straßenverkehr (m)	улично движение (с)	[úlitʃno dviʒénie]
Stau (m)	задръстване (с)	[zadréstvane]
Hauptverkehrszeit (f)	час пик (м)	[tʃas pík]
parken (vi)	паркирам се	[parkíram se]
parken (vt)	паркирам	[párkiram]
Parkplatz (m)	паркинг (м)	[párking]
U-Bahn (f)	метро (с)	[metró]
Station (f)	станция (ж)	[stántsija]

mit der U-Bahn fahren	пътувам с метро	[pətúvam s metró]
Zug (m)	влак (м)	[vlak]
Bahnhof (m)	гара (ж)	[gára]

28. Stadt. Leben in der Stadt

Stadt (f)	град (м)	[grat]
Hauptstadt (f)	столица (ж)	[stólitsa]
Dorf (n)	село (с)	[sélo]

Stadtplan (m)	план (м) на града	[plan na gradá]
Stadtzentrum (n)	център (м) на града	[tséntər na gradá]
Vorort (m)	предградие (с)	[predgrádie]
Vorort-	крайградски	[krajgrátski]

Stadtrand (m)	покрайнина (ж)	[pokrajniná]
Umgebung (f)	околности (мн)	[okólnosti]
Stadtviertel (n)	квартал (м)	[kvartál]
Wohnblock (m)	жилищен квартал (м)	[ʒíliʃten kvartál]

Straßenverkehr (m)	движение (с)	[dviʒénie]
Ampel (f)	светофар (м)	[svetofár]
Stadtverkehr (m)	градски транспорт (м)	[grátski transpórt]
Straßenkreuzung (f)	кръстовище (с)	[krəstóviʃte]

Übergang (m)	зебра (ж)	[zébra]
Fußgängerunterführung (f)	подлез (м)	[pódlez]
überqueren (vt)	пресичам	[presítʃam]
Fußgänger (m)	пешеходец (м)	[peʃehódets]
Gehweg (m)	тротоар (м)	[trotoár]

Brücke (f)	мост (м)	[most]
Kai (m)	кей (м)	[kej]
Springbrunnen (m)	фонтан (м)	[fontán]

Allee (f)	алея (ж)	[aléja]
Park (m)	парк (м)	[park]
Boulevard (m)	булевард (м)	[bulevárt]
Platz (m)	площад (м)	[ploʃtát]
Avenue (f)	авеню (с)	[aven'ú]
Straße (f)	улица (ж)	[úlitsa]
Gasse (f)	пресечка (ж)	[presétʃka]
Sackgasse (f)	задънена улица (ж)	[zadénena úlitsa]

Haus (n)	къща (ж)	[kéʃta]
Gebäude (n)	сграда (ж)	[zgráda]
Wolkenkratzer (m)	небостъргач (м)	[nebostərgátʃ]

| Fassade (f) | фасада (ж) | [fasáda] |
| Dach (n) | покрив (м) | [pókriv] |

Fenster (n)	прозорец (м)	[prozórets]
Bogen (m)	арка (ж)	[árka]
Säule (f)	колона (ж)	[kolóna]
Ecke (f)	ъгъл (м)	[ə́gəl]

Schaufenster (n)	витрина (ж)	[vitrína]
Firmenschild (n)	табела (ж)	[tabéla]
Anschlag (m)	афиш (м)	[afíʃ]
Werbeposter (m)	постер (м)	[póster]
Werbeschild (n)	билборд (м)	[bilbórt]

Müll (m)	боклук (м)	[boklúk]
Mülleimer (m)	кошче (с)	[kóʃt͡ʃe]
Abfall wegwerfen	правя боклук	[práv'a boklúk]
Mülldeponie (f)	сметище (с)	[smétiʃte]

Telefonzelle (f)	телефонна будка (ж)	[telefónna bútka]
Straßenlaterne (f)	стълб (м) с фенер	[stəlp s fenér]
Bank (Park-)	пейка (ж)	[péjka]

Polizist (m)	полицай (м)	[politsáj]
Polizei (f)	полиция (ж)	[polítsija]
Bettler (m)	сиромах (м)	[siromáh]
Obdachlose (m)	бездомник (м)	[bezdómnik]

29. Innerstädtische Einrichtungen

Laden (m)	магазин (м)	[magazín]
Apotheke (f)	аптека (ж)	[aptéka]
Optik (f)	оптика (ж)	[óptika]
Einkaufszentrum (n)	търговски център (м)	[tərgófski tséntər]
Supermarkt (m)	супермаркет (м)	[supermárket]

Bäckerei (f)	хлебарница (ж)	[hlebárnitsa]
Bäcker (m)	фурнаджия (ж)	[furnadʒíja]
Konditorei (f)	сладкарница (ж)	[slatkárnitsa]
Lebensmittelladen (m)	бакалия (ж)	[bakalíja]
Metzgerei (f)	месарница (ж)	[mesárnitsa]

| Gemüseladen (m) | магазин (м) за плодове и зеленчуци | [magazín za plodové i zelentʃútsi] |
| Markt (m) | пазар (м) | [pazár] |

Kaffeehaus (n)	кафене (с)	[kafené]
Restaurant (n)	ресторант (м)	[restoránt]
Bierstube (f)	бирария (ж)	[birárija]
Pizzeria (f)	пицария (ж)	[pitsaríja]

| Friseursalon (m) | фризьорски салон (м) | [friz'órski salón] |
| Post (f) | поща (ж) | [póʃta] |

chemische Reinigung (f)	химическо чистене (c)	[himítʃesko tʃístene]
Fotostudio (n)	фотостудио (c)	[fotostúdio]
Schuhgeschäft (n)	магазин (м) за обувки	[magazín za obúfki]
Buchhandlung (f)	книжарница (ж)	[kniʒárnitsa]
Sportgeschäft (n)	магазин (м) за спортни стоки	[magazín za spórtni stóki]
Kleiderreparatur (f)	поправка (ж) на дрехи	[popráfka na dréhi]
Bekleidungsverleih (m)	дрехи (ж мн) под наем	[dréhi pot náem]
Videothek (f)	филми (м мн) под наем	[fílmi pot náem]
Zirkus (m)	цирк (м)	[tsirk]
Zoo (m)	зоологическа градина (ж)	[zoologítʃeska gradína]
Kino (n)	кино (c)	[kíno]
Museum (n)	музей (м)	[muzéj]
Bibliothek (f)	библиотека (ж)	[bibliotéka]
Theater (n)	театър (м)	[teátər]
Opernhaus (n)	опера (ж)	[ópera]
Nachtklub (m)	нощен клуб (м)	[nóʃten klup]
Kasino (n)	казино (c)	[kazíno]
Moschee (f)	джамия (ж)	[dʒamíja]
Synagoge (f)	синагога (ж)	[sinagóga]
Kathedrale (f)	катедрала (ж)	[katedrála]
Tempel (m)	храм (м)	[hram]
Kirche (f)	църква (ж)	[tsǝrkva]
Institut (n)	институт (м)	[institút]
Universität (f)	университет (м)	[universitét]
Schule (f)	училище (c)	[utʃíliʃte]
Präfektur (f)	префектура (ж)	[prefektúra]
Rathaus (n)	кметство (c)	[kmétstvo]
Hotel (n)	хотел (м)	[hotél]
Bank (f)	банка (ж)	[bánka]
Botschaft (f)	посолство (c)	[posólstvo]
Reisebüro (n)	туристическа агенция (ж)	[turistítʃeska agéntsija]
Informationsbüro (n)	справки (м мн)	[spráfki]
Wechselstube (f)	обменно бюро (c)	[obménno bʲúro]
U-Bahn (f)	метро (c)	[metró]
Krankenhaus (n)	болница (ж)	[bólnitsa]
Tankstelle (f)	бензиностанция (ж)	[benzino·stántslʲa]
Parkplatz (m)	паркинг (м)	[párking]

30. Schilder

Firmenschild (n)	табела (ж)	[tabéla]
Aufschrift (f)	надпис (м)	[nádpis]
Plakat (n)	постер (м)	[póster]
Wegweiser (m)	указател (м)	[ukazátel]
Pfeil (m)	стрелка (ж)	[strelká]
Vorsicht (f)	предпазване (с)	[predpázvane]
Warnung (f)	предупреждение (с)	[predupreӡdénie]
warnen (vt)	предупредя	[predupredʲá]
freier Tag (m)	почивен ден (м)	[potʃíven dén]
Fahrplan (m)	разписание (с)	[raspisánie]
Öffnungszeiten (pl)	работно време (с)	[rabótno vréme]
HERZLICH WILLKOMMEN!	ДОБРЕ ДОШЛИ!	[dobré doʃlí]
EINGANG	ВХОД	[vhot]
AUSGANG	ИЗХОД	[íshot]
DRÜCKEN	БУТНИ	[butní]
ZIEHEN	ДРЪПНИ	[drəpní]
GEÖFFNET	ОТВОРЕНО	[otvóreno]
GESCHLOSSEN	ЗАТВОРЕНО	[zatvóreno]
DAMEN, FRAUEN	ЖЕНИ	[ӡení]
HERREN, MÄNNER	МЪЖЕ	[məӡé]
AUSVERKAUF	НАМАЛЕНИЕ	[namalénie]
REDUZIERT	РАЗПРОДАЖБА	[rasprodáӡba]
NEU!	НОВА СТОКА	[nóva stóka]
GRATIS	БЕЗПЛАТНО	[besplátno]
ACHTUNG!	ВНИМАНИЕ!	[vnimánie]
ZIMMER BELEGT	НЯМА СВОБОДНИ МЕСТА	[nʲáma svobódni mestá]
RESERVIERT	РЕЗЕРВИРАНО	[rezervírano]
VERWALTUNG	АДМИНИСТРАЦИЯ	[administrátsija]
NUR FÜR PERSONAL	ЗАБРАНЕНО ЗА ВЪНШНИ ЛИЦА	[zabráneno za venʃni lítsa]
VORSICHT BISSIGER HUND	ЗЛО КУЧЕ	[zlo kútʃe]
RAUCHEN VERBOTEN!	ПУШЕНЕТО ЗАБРАНЕНО!	[puʃenéto zabráneno]
BITTE NICHT BERÜHREN	НЕ ПИПАЙ!	[ne pípaj]
GEFÄHRLICH	ОПАСНО	[opásno]
VORSICHT!	ОПАСНОСТ	[opásnost]

HOCHSPANNUNG	ВИСОКО НАПРЕЖЕНИЕ	[visóko napreʒénie]
BADEN VERBOTEN	КЪПАНЕТО ЗАБРАНЕНО	[kǝpaneto zabranéno]
AUßER BETRIEB	НЕ РАБОТИ	[ne rabóti]
LEICHTENTZÜNDLICH	ОГНЕОПАСНО	[ogneopásno]
VERBOTEN	ЗАБРАНЕНО	[zabranéno]
DURCHGANG VERBOTEN	МИНАВАНЕТО ЗАБРАНЕНО	[minávaneto zabranéno]
FRISCH GESTRICHEN	ПАЗИ СЕ ОТ БОЯТА	[pazi se ot bojáta]

31. Shopping

kaufen (vt)	купувам	[kupúvam]
Einkauf (m)	покупка (ж)	[pokúpka]
einkaufen gehen	пазарувам	[pazarúvam]
Einkaufen (n)	пазаруване (с)	[pazarúvane]
offen sein (Laden)	работя	[rabótʲa]
zu sein	затваря се	[zatvárʲa se]
Schuhe (pl)	обувки (ж мн)	[obúfki]
Kleidung (f)	облекло (с)	[oblekló]
Kosmetik (f)	козметика (ж)	[kozmétika]
Lebensmittel (pl)	продукти (м мн)	[prodúkti]
Geschenk (n)	подарък (м)	[podárǝk]
Verkäufer (m)	продавач (м)	[prodavátʃ]
Verkäuferin (f)	продавачка (ж)	[prodavátʃka]
Kasse (f)	каса (ж)	[kása]
Spiegel (m)	огледало (с)	[ogledálo]
Ladentisch (m)	щанд (м)	[ʃtant]
Umkleidekabine (f)	пробна (ж)	[próbna]
anprobieren (vt)	пробвам	[próbvam]
passen (Schuhe, Kleid)	подхождам	[podhóʒdam]
gefallen (vi)	харесвам	[harésvam]
Preis (m)	цена (ж)	[tsená]
Preisschild (n)	етикет (м)	[etikét]
kosten (vt)	струвам	[strúvam]
Wie viel?	Колко?	[kólko]
Rabatt (m)	намаление (с)	[namalénie]
preiswert	нескъп	[neskǝp]
billig	евтин	[éftin]
teuer	скъп	[skǝp]
Das ist teuer	Това е скъпо	[tová e skǝpo]
Verleih (m)	под наем (м)	[pot náem]

117

leihen, mieten (ein Auto usw.)	**взимам под наем**	[vzímam pot náem]
Kredit (m), Darlehen (n)	**кредит** (м)	[krédit]
auf Kredit	**на кредит**	[na krédit]

BOOKS

KLEIDUNG & ACCESSOIRES

32. Oberbekleidung. Mäntel
33. Herren- & Damenbekleidung
34. Kleidung. Unterwäsche
35. Kopfbekleidung
36. Schuhwerk
37. Persönliche Accessoires
38. Kleidung. Verschiedenes
39. Kosmetikartikel. Kosmetik
40. Armbanduhren Uhren

T&P Books Publishing

32. Oberbekleidung. Mäntel

Kleidung (f)	облекло (c)	[oblekló]
Oberkleidung (f)	горни дрехи (ж мн)	[górni dréhi]
Winterkleidung (f)	зимни дрехи (ж мн)	[zímni dréhi]
Mantel (m)	палто (c)	[paltó]
Pelzmantel (m)	кожено палто (c)	[kóʒeno paltó]
Pelzjacke (f)	полушубка (ж)	[poluʃúpka]
Daunenjacke (f)	пухено яке (c)	[púheno jáke]
Jacke (z.B. Lederjacke)	яке (c)	[jáke]
Regenmantel (m)	шлифер (м)	[ʃlífer]
wasserdicht	непромокаем	[nepromokáem]

33. Herren- & Damenbekleidung

Hemd (n)	риза (ж)	[ríza]
Hose (f)	панталон (м)	[pantalón]
Jeans (pl)	дънки, джинси (мн)	[dénki], [dʒínsi]
Jackett (n)	сако (c)	[sakó]
Anzug (m)	костюм (м)	[kostʲúm]
Damenkleid (n)	рокля (ж)	[róklʲa]
Rock (m)	пола (ж)	[polá]
Bluse (f)	блуза (ж)	[blúza]
Strickjacke (f)	жилетка (ж)	[ʒilétka]
Jacke (Damen Kostüm)	сако (c)	[sakó]
T-Shirt (n)	тениска (ж)	[téniska]
Shorts (pl)	къси панталони (м мн)	[kési pantalóni]
Sportanzug (m)	анцуг (м)	[ántsuk]
Bademantel (m)	хавлиен халат (м)	[havlíen halát]
Schlafanzug (m)	пижама (ж)	[piʒáma]
Sweater (m)	пуловер (м)	[pulóver]
Pullover (m)	пуловер (м)	[pulóver]
Weste (f)	елек (м)	[elék]
Frack (m)	фрак (м)	[frak]
Smoking (m)	смокинг (м)	[smóking]
Uniform (f)	униформа (ж)	[unifórma]
Arbeitskleidung (f)	работно облекло (c)	[rabótno oblekló]

| Overall (m) | гащеризон (м) | [gaʃterizón] |
| Kittel (z.B. Arztkittel) | бяла престилка (ж) | [bʲála prestílka] |

34. Kleidung. Unterwäsche

Unterwäsche (f)	бельо (с)	[belʲó]
Herrenslip (m)	боксер (м)	[boksér]
Damenslip (m)	прашка (ж)	[práʃka]
Unterhemd (n)	потник (м)	[pótnik]
Socken (pl)	чорапи (м мн)	[ʧorápi]

Nachthemd (n)	нощница (ж)	[nóʃtnitsa]
Büstenhalter (m)	сутиен (м)	[sutién]
Kniestrümpfe (pl)	чорапи три четвърт (м мн)	[ʧorápi tri ʧétvərt]
Strumpfhose (f)	чорапогащник (м)	[ʧorapogáʃtnik]
Strümpfe (pl)	чорапи (м мн)	[ʧorápi]
Badeanzug (m)	бански костюм (м)	[bánski kostʲúm]

35. Kopfbekleidung

Mütze (f)	шапка (ж)	[ʃápka]
Filzhut (m)	шапка (ж)	[ʃápka]
Baseballkappe (f)	шапка (ж) с козирка	[ʃápka s kozirká]
Schiebermütze (f)	каскет (м)	[kaskét]

Baskenmütze (f)	барета (ж)	[baréta]
Kapuze (f)	качулка (ж)	[kaʧúlka]
Panamahut (m)	панама (ж)	[panáma]
Strickmütze (f)	плетена шапка (ж)	[plétena ʃápka]

| Kopftuch (n) | кърпа (ж) | [kórpa] |
| Damenhut (m) | шапка (ж) | [ʃápka] |

Schutzhelm (m)	каска (ж)	[káska]
Feldmütze (f)	пилотка (ж)	[pilótka]
Helm (z.B. Motorradhelm)	шлем (м)	[ʃlem]

| Melone (f) | бомбе (с) | [bombé] |
| Zylinder (m) | цилиндър (м) | [tsilíndər] |

36. Schuhwerk

| Schuhe (pl) | обувки (ж мн) | [obúʧki] |
| Stiefeletten (pl) | ботинки (мн) | [botínki] |

Halbschuhe (pl)	обувки (ж мн)	[obúfki]
Stiefel (pl)	ботуши (м мн)	[botúʃi]
Hausschuhe (pl)	чехли (м мн)	[ʧéhli]
Tennisschuhe (pl)	маратонки (ж мн)	[maratónki]
Leinenschuhe (pl)	кецове (м мн)	[kétsove]
Sandalen (pl)	сандали (мн)	[sandáli]
Schuster (m)	обущар (м)	[obuʃtár]
Absatz (m)	ток (м)	[tok]
Paar (n)	чифт (м)	[ʧift]
Schnürsenkel (m)	връзка (ж)	[vréska]
schnüren (vt)	връзвам	[vrézvam]
Schuhlöffel (m)	обувалка (ж)	[obuválka]
Schuhcreme (f)	крем (м) за обувки	[krem za obúfki]

37. Persönliche Accessoires

Handschuhe (pl)	ръкавици (ж мн)	[rəkavítsi]
Fausthandschuhe (pl)	ръкавици (ж мн) с един пърст	[rəkavítsi s edín pərst]
Schal (Kaschmir-)	шал (м)	[ʃal]
Brille (f)	очила (мн)	[otʃilá]
Brillengestell (n)	рамка (ж) за очила	[rámka za otʃilá]
Regenschirm (m)	чадър (м)	[ʧadér]
Spazierstock (m)	бастун (м)	[bastún]
Haarbürste (f)	четка (ж) за коса	[ʧétka za kosá]
Fächer (m)	ветрило (с)	[vetrílo]
Krawatte (f)	вратовръзка (ж)	[vratovrézka]
Fliege (f)	папийонка (ж)	[papijónka]
Hosenträger (pl)	тиранти (мн)	[tiránti]
Taschentuch (n)	носна кърпичка (ж)	[nósna kərpiʧka]
Kamm (m)	гребен (м)	[grében]
Haarspange (f)	шнола (ж)	[ʃnóla]
Haarnadel (f)	фиба (ж)	[fíba]
Schnalle (f)	катарама (ж)	[kataráma]
Gürtel (m)	колан (м)	[kolán]
Umhängegurt (m)	ремък (м)	[rémək]
Tasche (f)	чанта (ж)	[ʧánta]
Handtasche (f)	чантичка (ж)	[ʧántiʧka]
Rucksack (m)	раница (ж)	[ránitsa]

38. Kleidung. Verschiedenes

Mode (f)	мода (ж)	[móda]
modisch	модерен	[modéren]
Modedesigner (m)	моделиер (м)	[modeliér]
Kragen (m)	яка (ж)	[jaká]
Tasche (f)	джоб (м)	[dʒop]
Taschen-	джобен	[dʒóben]
Ärmel (m)	ръкав (м)	[rəkáv]
Aufhänger (m)	закачалка (ж)	[zakatʃálka]
Hosenschlitz (m)	копчелък (м)	[koptʃelók]
Reißverschluss (m)	цип (м)	[tsip]
Verschluss (m)	закопчалка (ж)	[zakoptʃálka]
Knopf (m)	копче (с)	[kóptʃe]
Knopfloch (n)	илик (м)	[ilík]
abgehen (Knopf usw.)	откъсна се	[otkósna se]
nähen (vi, vt)	шия	[ʃíja]
sticken (vt)	бродирам	[brodíram]
Stickerei (f)	бродерия (ж)	[brodérija]
Nadel (f)	игла (ж)	[iglá]
Faden (m)	конец (м)	[konéts]
Naht (f)	тегел (м)	[tegél]
sich beschmutzen	изцапам се	[istsápam se]
Fleck (m)	петно (с)	[petnó]
sich knittern	смачкам се	[smátʃkam se]
zerreißen (vt)	скъсам	[skósam]
Motte (f)	молец (м)	[moléts]

39. Kosmetikartikel. Kosmetik

Zahnpasta (f)	паста (ж) за зъби	[pásta za zóbi]
Zahnbürste (f)	четка (ж) за зъби	[tʃétka za zóbi]
Zähne putzen	мия си зъбите	[míja si zóbite]
Rasierer (m)	бръснач (м)	[brəsnátʃ]
Rasiercreme (f)	крем (м) за бръснене	[krem za brásnene]
sich rasieren	бръсна се	[brásna se]
Seife (f)	сапун (м)	[sapún]
Shampoo (n)	шампоан (м)	[ʃampoán]
Schere (f)	ножица (ж)	[nóʒitsa]
Nagelfeile (f)	пиличка (ж) за нокти	[pílitʃka za nókti]
Nagelzange (f)	ножичка (ж) за нокти	[nóʒitʃka za nóktl]
Pinzette (f)	пинсета (ж)	[pinséta]

Kosmetik (f)	козметика (ж)	[kozmétika]
Gesichtsmaske (f)	маска (ж)	[máska]
Maniküre (f)	маникюр (м)	[manikʲúr]
Maniküre machen	правя маникюр	[právʲa manikʲúr]
Pediküre (f)	педикюр (м)	[pedikʲúr]

Kosmetiktasche (f)	козметична чантичка (ж)	[kozmetítʃna tʃántitʃka]
Puder (m)	пудра (ж)	[púdra]
Puderdose (f)	пудриера (ж)	[pudriéra]
Rouge (n)	руж (ж)	[ruʃ]

Parfüm (n)	парфюм (м)	[parfʲúm]
Duftwasser (n)	тоалетна вода (ж)	[toalétna vodá]
Lotion (f)	лосион (м)	[losión]
Kölnischwasser (n)	одеколон (м)	[odekolón]

Lidschatten (m)	сенки (ж мн) за очи	[sénki za otʃí]
Kajalstift (m)	молив (м) за очи	[móliv za otʃí]
Wimperntusche (f)	спирала (ж)	[spirála]

Lippenstift (m)	червило (с)	[tʃervílo]
Nagellack (m)	лак (м) за нокти	[lak za nókti]
Haarlack (m)	лак (м) за коса	[lak za kosá]
Deodorant (n)	дезодорант (м)	[dezodoránt]

Creme (f)	крем (м)	[krem]
Gesichtscreme (f)	крем (м) за лице	[krem za litsé]
Handcreme (f)	крем (м) за ръце	[krem za rətsé]
Anti-Falten-Creme (f)	крем (м) срещу бръчки	[krem sreʃtú brétʃki]
Tagescreme (f)	дневен крем (м)	[dnéven krem]
Nachtcreme (f)	нощен крем (м)	[nóʃten krem]
Tages-	дневен	[dnéven]
Nacht-	нощен	[nóʃten]

Tampon (m)	тампон (м)	[tampón]
Toilettenpapier (n)	тоалетна хартия (ж)	[toalétna hartíja]
Föhn (m)	сешоар (м)	[seʃoár]

40. Armbanduhren Uhren

Armbanduhr (f)	часовник (м)	[tʃasóvnik]
Zifferblatt (n)	циферблат (м)	[tsiferblát]
Zeiger (m)	стрелка (ж)	[strelká]
Metallarmband (n)	гривна (ж)	[grívna]
Uhrenarmband (n)	каишка (ж)	[kaíʃka]

Batterie (f)	батерия (ж)	[batérija]
verbraucht sein	батерията се изтощи	[batérijata se istoʃtí]
die Batterie wechseln	сменям батерия	[sménʲam batérija]
vorgehen (vi)	избързвам	[izbérzvam]

nachgehen (vi)	изоставам	[izostávam]
Wanduhr (f)	стенен часовник (м)	[sténen tʃasóvnik]
Sanduhr (f)	пясъчен часовник (м)	[pʲásətʃen tʃasóvnik]
Sonnenuhr (f)	слънчев часовник (м)	[sléntʃev tʃasóvnik]
Wecker (m)	будилник (м)	[budílnik]
Uhrmacher (m)	часовникар (м)	[tʃasovnikár]
reparieren (vt)	поправям	[poprávʲam]

ALLTAGSERFAHRUNG

41. Geld
42. Post. Postdienst
43. Bankgeschäft
44. Telefon. Telefongespräche
45. Mobiltelefon
46. Bürobedarf
47. Fremdsprachen

T&P Books Publishing

41. Geld

Geld (n)	пари (мн)	[parí]
Austausch (m)	обмяна (ж)	[obmʲána]
Kurs (m)	курс (м)	[kurs]
Geldautomat (m)	банкомат (м)	[bankomát]
Münze (f)	монета (ж)	[monéta]
Dollar (m)	долар (м)	[dólar]
Euro (m)	евро (с)	[évro]
Lira (f)	лира (ж)	[líra]
Mark (f)	марка (ж)	[márka]
Franken (m)	франк (м)	[frank]
Pfund Sterling (n)	британска лира (ж)	[británska líra]
Yen (m)	йена (ж)	[jéna]
Schulden (pl)	дълг (м)	[dəlk]
Schuldner (m)	длъжник (м)	[dləʒník]
leihen (vt)	давам на заем	[dávam na záem]
leihen, borgen (Geld usw.)	взема на заем	[vzéma na záem]
Bank (f)	банка (ж)	[bánka]
Konto (n)	сметка (ж)	[smétka]
einzahlen (vt)	депозирам	[depozíram]
auf ein Konto einzahlen	внеса в сметка	[vnesá v smétka]
abheben (vt)	тегля от сметката	[téglʲa ot smétkata]
Kreditkarte (f)	кредитна карта (ж)	[kréditna kárta]
Bargeld (n)	налични пари (мн)	[nalítʃni parí]
Scheck (m)	чек (м)	[tʃek]
einen Scheck schreiben	подпиша чек	[potpíʃa tʃek]
Scheckbuch (n)	чекова книжка (ж)	[tʃékova kníʃka]
Geldtasche (f)	портфейл (м)	[portféjl]
Geldbeutel (m)	портмоне (с)	[portmoné]
Safe (m)	сейф (м)	[sejf]
Erbe (m)	наследник (м)	[naslédnik]
Erbschaft (f)	наследство (с)	[naslétstvo]
Vermögen (n)	състояние (с)	[səstojánie]
Pacht (f)	наем (м)	[náem]
Miete (f)	наем (м)	[náem]
mieten (vt)	наемам	[naémam]
Preis (m)	цена (ж)	[tsená]

| Kosten (pl) | стойност (ж) | [stójnost] |
| Summe (f) | сума (ж) | [súma] |

ausgeben (vt)	харча	[hártʃa]
Ausgaben (pl)	разходи (м мн)	[ráshodi]
sparen (vt)	пестя	[pestʲá]
sparsam	пестелив	[pestelíf]

zahlen (vt)	плащам	[pláʃtam]
Lohn (m)	плащане (c)	[pláʃtane]
Wechselgeld (n)	ресто (c)	[résto]

Steuer (f)	данък (м)	[dánək]
Geldstrafe (f)	глоба (ж)	[glóba]
bestrafen (vt)	глобявам	[globʲávam]

42. Post. Postdienst

Post (Postamt)	поща (ж)	[póʃta]
Post (Postsendungen)	поща (ж)	[póʃta]
Briefträger (m)	пощальон (м)	[poʃtalʲón]
Öffnungszeiten (pl)	работно време (c)	[rabótno vréme]

Brief (m)	писмо (c)	[pismó]
Einschreibebrief (m)	препоръчано писмо (c)	[preporétʃano pismó]
Postkarte (f)	картичка (ж)	[kártitʃka]
Telegramm (n)	телеграма (ж)	[telegráma]
Postpaket (n)	колет (м)	[kolét]
Geldanweisung (f)	паричен превод (м)	[parítʃen prévot]

bekommen (vt)	получа	[polútʃa]
abschicken (vt)	изпратя	[isprátʲa]
Absendung (f)	изпращане (c)	[ispráʃtane]

Postanschrift (f)	адрес (м)	[adrés]
Postleitzahl (f)	пощенски код (м)	[póʃtenski kot]
Absender (m)	подател (м)	[podátel]
Empfänger (m)	получател (м)	[polutʃátel]

| Vorname (m) | име (c) | [íme] |
| Nachname (m) | фамилия (ж) | [famílija] |

Tarif (m)	тарифа (ж)	[tarífa]
Standard- (Tarif)	обикновен	[obiknovén]
Spar- (-tarif)	икономичен	[ikonomítʃen]

Gewicht (n)	тегло (c)	[tegló]
abwlegen (vt)	претеглям	[pretéglʲam]
Briefumschlag (m)	плик (м)	[plik]
Briefmarke (f)	марка (ж)	[márka]

43. Bankgeschäft

Bank (f)	банка (ж)	[bánka]
Filiale (f)	клон (м)	[klon]
Berater (m)	консултант (м)	[konsultánt]
Leiter (m)	управител (м)	[uprávitel]
Konto (n)	сметка (ж)	[smétka]
Kontonummer (f)	номер (м) на сметка	[nómer na smétka]
Kontokorrent (n)	текуща сметка (ж)	[tekúʃta smétka]
Sparkonto (n)	спестовна сметка (ж)	[spestóvna smétka]
ein Konto eröffnen	откривам сметка	[otkrívam smétka]
das Konto schließen	закривам сметка	[zakrívam smétka]
einzahlen (vt)	депозирам в сметка	[depozíram f smétka]
abheben (vt)	тегля от сметката	[téglʲa ot smétkata]
Einzahlung (f)	влог (м)	[vlok]
eine Einzahlung machen	направя влог	[naprávʲa vlok]
Überweisung (f)	превод (м)	[prévot]
überweisen (vt)	направя превод	[naprávʲa prévot]
Summe (f)	сума (ж)	[súma]
Wieviel?	Колко?	[kólko]
Unterschrift (f)	подпис (м)	[pótpis]
unterschreiben (vt)	подпиша	[potpíʃa]
Kreditkarte (f)	кредитна карта (ж)	[kréditna kárta]
Code (m)	код (м)	[kot]
Kreditkartennummer (f)	номер (м) на кредитна карта	[nómer na kréditna kárta]
Geldautomat (m)	банкомат (м)	[bankomát]
Scheck (m)	чек (м)	[tʃek]
einen Scheck schreiben	подпиша чек	[potpíʃa tʃek]
Scheckbuch (n)	чекова книжка (ж)	[tʃékova kníʃka]
Darlehen (m)	кредит (м)	[krédit]
ein Darlehen beantragen	кандидатствам за кредит	[kandidátstvam za krédit]
ein Darlehen aufnehmen	взимам кредит	[vzímam krédit]
ein Darlehen geben	предоставям кредит	[predostávʲam krédit]
Sicherheit (f)	гаранция (ж)	[garántsija]

44. Telefon. Telefongespräche

Telefon (n)	телефон (м)	[telefón]
Mobiltelefon (n)	мобилен телефон (м)	[mobílen telefón]

Anrufbeantworter (m)	телефонен секретар (м)	[telefónen sekretár]
anrufen (vt)	обаждам се	[obáʒdam se]
Anruf (m)	обаждане (с)	[obáʒdane]

eine Nummer wählen	набирам номер	[nabíram nómer]
Hallo!	Ало!	[álo]
fragen (vt)	питам	[pítam]
antworten (vi)	отговарям	[otgovárʲam]

hören (vt)	чувам	[ʧúvam]
gut (~ aussehen)	добре	[dobré]
schlecht (Adv)	лошо	[lóʃo]
Störungen (pl)	шумове (м мн)	[ʃúmove]

Hörer (m)	слушалка (ж)	[sluʃálka]
den Hörer abnehmen	вдигам слушалката	[vdígam sluʃálkata]
auflegen (den Hörer ~)	затварям телефона	[zatvárʲam telefóna]

besetzt	заета	[zaéta]
läuten (vi)	звъня	[zvənʲá]
Telefonbuch (n)	телефонен справочник (м)	[telefónen spravóʧnik]

Orts-	селищен	[séliʃten]
Ortsgespräch (n)	селищен разговор (м)	[séliʃten rázgovor]
Auslands-	международен	[meʒdunaróden]
Auslandsgespräch (n)	международен разговор (м)	[meʒdunaróden rázgovor]
Fern-	междуградски	[meʒdugrátski]
Ferngespräch (n)	междуградски разговор (м)	[meʒdugrátski rázgovor]

45. Mobiltelefon

Mobiltelefon (n)	мобилен телефон (м)	[mobílen telefón]
Display (n)	дисплей (м)	[displéj]
Knopf (m)	бутон (м)	[butón]
SIM-Karte (f)	SIM-карта (ж)	[sim-kárta]

Batterie (f)	батерия (ж)	[batérija]
leer sein (Batterie)	изтощавам	[iztoʃtávam]
Ladegerät (n)	зареждащо устройство (с)	[zaréʒdaʃto ustrójstvo]

Menü (n)	меню (с)	[menʲú]
Einstellungen (pl)	настройки (ж мн)	[nastrójki]
Melodie (f)	мелодия (ж)	[melódija]
auswählen (vt)	избера	[izberá]

| Rechner (m) | калкулатор (м) | [kalkulátor] |

Anrufbeantworter (m)	телефонен секретар (м)	[telefónen sekretár]
Wecker (m)	будилник (м)	[budílnik]
Kontakte (pl)	телефонен справочник (м)	[telefónen spravótʃnik]
SMS-Nachricht (f)	SMS съобщение (c)	[esemés səobʃténie]
Teilnehmer (m)	абонат (м)	[abonát]

46. Bürobedarf

Kugelschreiber (m)	химикалка (ж)	[himikálka]
Federhalter (m)	перодръжка (ж)	[perodréʒka]
Bleistift (m)	молив (м)	[móliv]
Faserschreiber (m)	маркер (м)	[márker]
Filzstift (m)	флумастер (м)	[flumáster]
Notizblock (m)	тефтер (м)	[teftér]
Terminkalender (m)	ежедневник (м)	[eʒednévnik]
Lineal (n)	линийка (ж)	[línijka]
Rechner (m)	калкулатор (м)	[kalkulátor]
Radiergummi (m)	гума (ж)	[gúma]
Reißzwecke (f)	кабърче (c)	[kábərtʃe]
Heftklammer (f)	кламер (м)	[klámer]
Klebstoff (m)	лепило (c)	[lepílo]
Hefter (m)	телбод (м)	[telbót]
Locher (m)	перфоратор (м)	[perforátor]
Bleistiftspitzer (m)	острилка (ж)	[ostrílka]

47. Fremdsprachen

Sprache (f)	език (м)	[ezík]
Fremd-	чужд	[tʃuʒd]
Fremdsprache (f)	чужд език (м)	[tʃuʒd ezík]
studieren (z.B. Jura ~)	изучавам	[izutʃávam]
lernen (Englisch ~)	уча	[útʃa]
lesen (vi, vt)	чета	[tʃeta]
sprechen (vi, vt)	говоря	[govóri'a]
verstehen (vt)	разбирам	[razbíram]
schreiben (vi, vt)	пиша	[píʃa]
schnell (Adv)	бързо	[bérzo]
langsam (Adv)	бавно	[bávno]
fließend (Adv)	свободно	[svobódno]
Regeln (pl)	правила (c мн)	[pravilá]

Grammatik (f)	граматика (ж)	[gramátika]
Vokabular (n)	лексика (ж)	[léksika]
Phonetik (f)	фонетика (ж)	[fonétika]

Lehrbuch (n)	учебник (м)	[utʃébnik]
Wörterbuch (n)	речник (м)	[rétʃnik]
Selbstlernbuch (n)	самоучител (м)	[samoutʃítel]
Sprachführer (m)	разговорник (м)	[razgovórnik]

Kassette (f)	касета (ж)	[kaséta]
Videokassette (f)	видеокасета (ж)	[video·kaséta]
CD (f)	CD диск (м)	[sidí disk]
DVD (f)	DVD (м)	[dividí]

Alphabet (n)	алфавит (м)	[alfavít]
buchstabieren (vt)	спелувам	[spelúvam]
Aussprache (f)	произношение (с)	[proiznoʃénie]

Akzent (m)	акцент (м)	[aktsént]
mit Akzent	с акцент	[s aktsént]
ohne Akzent	без акцент	[bez aktsént]

| Wort (n) | дума (ж) | [dúma] |
| Bedeutung (f) | смисъл (м) | [smísəl] |

Kurse (pl)	курсове (м мн)	[kúrsove]
sich einschreiben	запиша се	[zapíʃa se]
Lehrer (m)	преподавател (м)	[prepodavátel]

Übertragung (f)	превод (м)	[prévot]
Übersetzung (f)	превод (м)	[prévot]
Übersetzer (m)	преводач (м)	[prevodátʃ]
Dolmetscher (m)	преводач (м)	[prevodátʃ]

| Polyglott (m, f) | полиглот (м) | [poliglót] |
| Gedächtnis (n) | памет (ж) | [pámet] |

T&P BOOKS

MAHLZEITEN. RESTAURANT

48. Gedeck
49. Restaurant
50. Mahlzeiten
51. Gerichte
52. Essen
53. Getränke
54. Gemüse
55. Obst. Nüsse
56. Brot. Süßigkeiten
57. Gewürze

T&P Books Publishing

48. Gedeck

Löffel (m)	лъжица (ж)	[ləʒítsa]
Messer (n)	нож (м)	[noʒ]
Gabel (f)	вилица (ж)	[vílitsa]
Tasse (eine ~ Tee)	чаша (ж)	[ʧáʃa]
Teller (m)	чиния (ж)	[ʧiníja]
Untertasse (f)	чинийка (ж)	[ʧiníjka]
Serviette (f)	салфетка (ж)	[salfétka]
Zahnstocher (m)	клечка (ж) за зъби	[kléʧka za zébi]

49. Restaurant

Restaurant (n)	ресторант (м)	[restoránt]
Kaffeehaus (n)	кафене (с)	[kafené]
Bar (f)	бар (м)	[bar]
Teesalon (m)	чаен салон (м)	[ʧáen salón]
Kellner (m)	сервитьор (м)	[servitʲór]
Kellnerin (f)	сервитьорка (ж)	[servitʲórka]
Barmixer (m)	барман (м)	[bárman]
Speisekarte (f)	меню (с)	[menʲú]
Weinkarte (f)	карта (ж) на виното	[kárta na vínoto]
einen Tisch reservieren	резервирам масичка	[rezervíram másiʧka]
Gericht (n)	ядене (с)	[jádene]
bestellen (vt)	поръчам	[porétʧam]
eine Bestellung aufgeben	правя поръчка	[právʲa porétʧka]
Aperitif (m)	аперитив (м)	[aperitív]
Vorspeise (f)	мезе (с)	[mezé]
Nachtisch (m)	десерт (м)	[desért]
Rechnung (f)	сметка (ж)	[smétka]
Rechnung bezahlen	плащам сметка	[pláʃtam smétka]
das Wechselgeld geben	връщам ресто	[vréʃtam résto]
Trinkgeld (n)	бакшиш (м)	[bakʃíʃ]

50. Mahlzeiten

Essen (n)	храна (ж)	[hraná]
essen (vi, vt)	ям	[jam]

Frühstück (n)	закуска (ж)	[zakúska]
frühstücken (vi)	закусвам	[zakúsvam]
Mittagessen (n)	обяд (м)	[obʲát]
zu Mittag essen	обядвам	[obʲádvam]
Abendessen (n)	вечеря (ж)	[vetʃérʲa]
zu Abend essen	вечерям	[vetʃérʲam]

| Appetit (m) | апетит (м) | [apetít] |
| Guten Appetit! | Добър апетит! | [dobér apetít] |

öffnen (vt)	отварям	[otvárʲam]
verschütten (vt)	излея	[izléja]
verschüttet werden	излея се	[izléja se]

kochen (vi)	вря	[vrʲa]
kochen (Wasser ~)	варя до кипване	[varʲá do kípvane]
gekocht (Adj)	преварен	[prevarén]
kühlen (vt)	охладя	[ohladʲá]
abkühlen (vi)	изстудявам се	[isstudʲávam se]

| Geschmack (m) | вкус (м) | [fkus] |
| Beigeschmack (m) | привкус (м) | [prífkus] |

auf Diät sein	отслабвам	[otslábvam]
Diät (f)	диета (ж)	[diéta]
Vitamin (n)	витамин (м)	[vitamín]
Kalorie (f)	калория (ж)	[kalórija]
Vegetarier (m)	вегетарианец (м)	[vegetariánets]
vegetarisch (Adj)	вегетариански	[vegetariánski]

Fett (n)	мазнини (ж мн)	[mazniní]
Protein (n)	белтъчини (ж мн)	[beltetʃiní]
Kohlenhydrat (n)	въглехидрати (м мн)	[vəglehidráti]
Scheibchen (n)	резенче (с)	[rézentʃe]
Stück (ein ~ Kuchen)	парче (с)	[partʃé]
Krümel (m)	троха (ж)	[trohá]

51. Gerichte

Gericht (n)	ястие (с)	[jástie]
Küche (f)	кухня (ж)	[kúhnʲa]
Rezept (n)	рецепта (ж)	[retsépta]
Portion (f)	порция (ж)	[pórtsija]

| Salat (m) | салата (ж) | [saláta] |
| Suppe (f) | супа (ж) | [súpa] |

Brühe (f), Bouillon (f)	бульон (м)	[buljón]
bologteɔ Brot (n)	сандвич (м)	[sándvitʃ]
Spiegelei (n)	пържени яйца (с мн)	[pérʒeni jajtsá]

| Hamburger (m) | хамбургер (м) | [hámburger] |
| Beefsteak (n) | бифтек (м) | [bifték] |

Beilage (f)	гарнитура (ж)	[garnitúra]
Spaghetti (pl)	спагети (мн)	[spagéti]
Kartoffelpüree (n)	картофено пюре (с)	[kartófeno pʲuré]
Pizza (f)	пица (ж)	[pítsa]
Brei (m)	каша (ж)	[káʃa]
Omelett (n)	омлет (м)	[omlét]

gekocht	варен	[varén]
geräuchert	пушен	[púʃen]
gebraten	пържен	[pérʒen]
getrocknet	сушен	[suʃén]
tiefgekühlt	замразен	[zamrazén]
mariniert	маринован	[marinóvan]

süß	сладък	[sládək]
salzig	солен	[solén]
kalt	студен	[studén]
heiß	горещ	[goréʃt]
bitter	горчив	[gorʧív]
lecker	вкусен	[fkúsen]

kochen (vt)	готвя	[gótvʲa]
zubereiten (vt)	готвя	[gótvʲa]
braten (vt)	пържа	[pérʒa]
aufwärmen (vt)	затоплям	[zatóplʲam]

salzen (vt)	соля	[solʲá]
pfeffern (vt)	слагам пипер	[slágam pipér]
reiben (vt)	стъргам	[stérgam]
Schale (f)	кожа (ж)	[kóʒa]
schälen (vt)	беля	[bélʲa]

52. Essen

Fleisch (n)	месо (с)	[mesó]
Hühnerfleisch (n)	кокошка (ж)	[kokóʃka]
Küken (n)	пиле (с)	[pʲle]
Ente (f)	патица (ж)	[pátitsa]
Gans (f)	гъска (ж)	[géska]
Wild (n)	дивеч (ж)	[díveʧ]
Pute (f)	пуйка (ж)	[pújka]

Schweinefleisch (n)	свинско (с)	[svínsko]
Kalbfleisch (n)	телешко месо (с)	[téleʃko mesó]
Hammelfleisch (n)	агнешко (с)	[ágneʃko]
Rindfleisch (n)	говеждо (с)	[govéʒdo]
Kaninchenfleisch (n)	питомен заек (м)	[pítomen záek]

Wurst (f)   салам (м)   [salám]
Würstchen (n)   кренвирш (м)   [krénvirʃ]
Schinkenspeck (m)   бекон (м)   [bekón]
Schinken (m)   шунка (ж)   [ʃúnka]
Räucherschinken (m)   бут (м)   [but]

Pastete (f)   пастет (м)   [pastét]
Leber (f)   черен дроб (м)   [tʃéren drop]
Hackfleisch (n)   кайма (ж)   [kajmá]
Zunge (f)   език (м)   [ezík]

Ei (n)   яйце (с)   [jajtsé]
Eier (pl)   яйца (с мн)   [jajtsá]
Eiweiß (n)   белтък (м)   [belték]
Eigelb (n)   жълтък (м)   [ʒəlték]

Fisch (m)   риба (ж)   [ríba]
Meeresfrüchte (pl)   морски продукти (м мн) [mórski prodúkti]
Kaviar (m)   хайвер (м)   [hajvér]

Krabbe (f)   морски рак (м)   [mórski rak]
Garnele (f)   скарида (ж)   [skarída]
Auster (f)   стрида (ж)   [strída]
Languste (f)   лангуста (ж)   [langústa]
Krake (m)   октопод (м)   [oktopót]
Kalmar (m)   калмар (м)   [kalmár]

Störfleisch (n)   есетра (ж)   [esétra]
Lachs (m)   сьомга (ж)   [sʲómga]
Heilbutt (m)   палтус (м)   [páltus]

Dorsch (m)   треска (ж)   [tréska]
Makrele (f)   скумрия (ж)   [skumríja]
Tunfisch (m)   риба тон (м)   [ríba ton]
Aal (m)   змиорка (ж)   [zmiórka]

Forelle (f)   пъстърва (ж)   [pəstə́rva]
Sardine (f)   сардина (ж)   [sardína]
Hecht (m)   щука (ж)   [ʃtúka]
Hering (m)   селда (ж)   [sélda]

Brot (n)   хляб (м)   [hlʲap]
Käse (m)   кашкавал (м)   [kaʃkavál]
Zucker (m)   захар (ж)   [záhar]
Salz (n)   сол (ж)   [sol]

Reis (m)   ориз (м)   [oríz]
Teigwaren (pl)   макарони (мн)   [makaróni]
Nudeln (pl)   юфка (ж)   [jufká]

Butter (f)   краве масло (с)   [kráve masló]
Pflanzenöl (n)   олио (с)   [ólio]

Sonnenblumenöl (n)	слънчогледово масло (c)	[slənʧoglédovo máslo]
Margarine (f)	маргарин (м)	[margarín]
Oliven (pl)	маслини (ж мн)	[maslíni]
Olivenöl (n)	зехтин (м)	[zehtín]
Milch (f)	мляко (c)	[mlʲáko]
Kondensmilch (f)	сгъстено мляко (c)	[sgəsténo mlʲáko]
Joghurt (m)	йогурт (м)	[jógurt]
saure Sahne (f)	сметана (ж)	[smetána]
Sahne (f)	каймак (м)	[kajmák]
Mayonnaise (f)	майонеза (ж)	[majonéza]
Buttercreme (f)	крем (м)	[krem]
Grütze (f)	грис, булгур (м)	[gris], [bulgúr]
Mehl (n)	брашно (c)	[braʃnó]
Konserven (pl)	консерви (ж мн)	[konsérvi]
Maisflocken (pl)	царевичен флейкс (м)	[tsárevitʃen flejks]
Honig (m)	мед (м)	[met]
Marmelade (f)	конфитюр (м)	[konfitʲúr]
Kaugummi (m, n)	дъвка (ж)	[défka]

53. Getränke

Wasser (n)	вода (ж)	[vodá]
Trinkwasser (n)	питейна вода (ж)	[pitéjna vodá]
Mineralwasser (n)	минерална вода (ж)	[minerálna vodá]
still	негазирана	[negazíran]
mit Kohlensäure	газирана	[gazíran]
mit Gas	газирана	[gazíran]
Eis (n)	лед (м)	[let]
mit Eis	с лед	[s let]
alkoholfrei (Adj)	безалкохолен	[bezalkohólen]
alkoholfreies Getränk (n)	безалкохолна напитка (ж)	[bezalkohólna napítka]
Erfrischungsgetränk (n)	разхладителна напитка (ж)	[rashladítelna napítka]
Limonade (f)	лимонада (ж)	[limonáda]
Spirituosen (pl)	спиртни напитки (ж мн)	[spírtni napítki]
Wein (m)	вино (c)	[víno]
Weißwein (m)	бяло вино (c)	[bʲálo víno]
Rotwein (m)	червено вино (c)	[ʧervéno víno]
Likör (m)	ликьор (м)	[likʲór]
Champagner (m)	шампанско (c)	[ʃampánsko]

Wermut (m)	вермут (м)	[vermút]
Whisky (m)	уиски (с)	[wíski]
Wodka (m)	водка (ж)	[vótka]
Gin (m)	джин (м)	[dʒin]
Kognak (m)	коняк (м)	[konʲák]
Rum (m)	ром (м)	[rom]
Kaffee (m)	кафе (с)	[kafé]
schwarzer Kaffee (m)	черно кафе (с)	[ʧérno kafé]
Milchkaffee (m)	кафе (с) с мляко	[kafé s mlʲáko]
Cappuccino (m)	кафе (с) със сметана	[kafé səs smetána]
Pulverkaffee (m)	разтворимо кафе (с)	[rastvorímo kafé]
Milch (f)	мляко (с)	[mlʲáko]
Cocktail (m)	коктейл (м)	[koktéjl]
Milchcocktail (m)	млечен коктейл (м)	[mléʧen koktéjl]
Saft (m)	сок (м)	[sok]
Tomatensaft (m)	доматен сок (м)	[domáten sok]
Orangensaft (m)	портокалов сок (м)	[portokálov sok]
frisch gepresster Saft (m)	фреш (м)	[freʃ]
Bier (n)	бира (ж)	[bíra]
Helles (n)	светла бира (ж)	[svétla bíra]
Dunkelbier (n)	тъмна бира (ж)	[təmna bíra]
Tee (m)	чай (м)	[ʧaj]
schwarzer Tee (m)	черен чай (м)	[ʧéren ʧaj]
grüner Tee (m)	зелен чай (м)	[zelén ʧaj]

54. Gemüse

Gemüse (n)	зеленчуци (м мн)	[zelenʧútsi]
grünes Gemüse (pl)	зарзават (м)	[zarzavát]
Tomate (f)	домат (м)	[domát]
Gurke (f)	краставица (ж)	[krástavitsa]
Karotte (f)	морков (м)	[mórkof]
Kartoffel (f)	картофи (мн)	[kartófi]
Zwiebel (f)	лук (м)	[luk]
Knoblauch (m)	чесън (м)	[ʧésən]
Kohl (m)	зеле (с)	[zéle]
Blumenkohl (m)	карфиол (м)	[karfiól]
Rosenkohl (m)	брюкселско зеле (с)	[brʲúkselsko zéle]
Brokkoli (m)	броколи (с)	[brókoli]
Rote Bete (f)	цвекло (с)	[tsveklό]
Aubergine (f)	патладжан (м)	[patladʒán]
Zucchini (f)	тиквичка (ж)	[tíkviʧka]

| Kürbis (m) | тиква (ж) | [tíkva] |
| Rübe (f) | ряпа (ж) | [rʲápa] |

Petersilie (f)	магданоз (m)	[magdanóz]
Dill (m)	копър (m)	[kópər]
Kopf Salat (m)	салата (ж)	[saláta]
Sellerie (m)	целина (ж)	[tsélina]
Spargel (m)	аспержа (ж)	[aspérʒa]
Spinat (m)	спанак (m)	[spanák]

Erbse (f)	грах (m)	[grah]
Bohnen (pl)	боб (m)	[bop]
Mais (m)	царевица (ж)	[tsárevitsa]
weiße Bohne (f)	фасул (m)	[fasúl]

Paprika (m)	пипер (m)	[pipér]
Radieschen (n)	репичка (ж)	[répiʧka]
Artischocke (f)	ангинар (m)	[anginár]

55. Obst. Nüsse

Frucht (f)	плод (m)	[plot]
Apfel (m)	ябълка (ж)	[jábəlka]
Birne (f)	круша (ж)	[krúʃa]
Zitrone (f)	лимон (m)	[limón]
Apfelsine (f)	портокал (m)	[portokál]
Erdbeere (f)	ягода (ж)	[jágoda]

Mandarine (f)	мандарина (ж)	[mandarína]
Pflaume (f)	слива (ж)	[slíva]
Pfirsich (m)	праскова (ж)	[práskova]
Aprikose (f)	кайсия (ж)	[kajsíja]
Himbeere (f)	малина (ж)	[malína]
Ananas (f)	ананас (m)	[ananás]

Banane (f)	банан (m)	[banán]
Wassermelone (f)	диня (ж)	[dínʲa]
Weintrauben (pl)	грозде (c)	[grózde]
Sauerkirsche (f)	вишна (ж)	[víʃna]
Süßkirsche (f)	череша (ж)	[ʧeréʃa]
Melone (f)	пъпеш (m)	[pépeʃ]

Grapefruit (f)	грейпфрут (m)	[gréjpfrut]
Avocado (f)	авокадо (c)	[avokádo]
Papaya (f)	папая (ж)	[papája]
Mango (f)	манго (c)	[mángo]

| Granatapfel (m) | нар (m) | [nar] |
| rote Johannisbeere (f) | червено френско грозде (c) | [ʧervéno frénsko grózde] |

schwarze Johannisbeere (f)	черно френско грозде (c)	[tʃérno frénsko grózde]
Stachelbeere (f)	цариградско грозде (c)	[tsarigrátsko grózde]
Heidelbeere (f)	боровинки (ж мн)	[borovínki]
Brombeere (f)	къпина (ж)	[kəpína]
Rosinen (pl)	стафиди (ж мн)	[stafídi]
Feige (f)	смокиня (ж)	[smokínʲa]
Dattel (f)	фурма (ж)	[furmá]
Erdnuss (f)	фъстък (м)	[fəsték]
Mandel (f)	бадем (м)	[badém]
Walnuss (f)	орех (м)	[óreh]
Haselnuss (f)	лешник (м)	[léʃnik]
Kokosnuss (f)	кокосов орех (м)	[kokósov óreh]
Pistazien (pl)	шамфъстъци (м мн)	[ʃamfəstétsi]

56. Brot. Süßigkeiten

Konditorwaren (pl)	сладкарски изделия (с мн)	[slatkárski izdélija]
Brot (n)	хляб (м)	[hlʲap]
Keks (m, n)	бисквити (ж мн)	[biskvíti]
Schokolade (f)	шоколад (м)	[ʃokolát]
Schokoladen-	шоколадов	[ʃokoládov]
Bonbon (m, n)	бонбон (м)	[bonbón]
Kuchen (m)	паста (ж)	[pásta]
Torte (f)	торта (ж)	[tórta]
Kuchen (Apfel-)	пирог (м)	[pirók]
Füllung (f)	плънка (ж)	[plénka]
Konfitüre (f)	сладко (c)	[slátko]
Marmelade (f)	мармалад (м)	[marmalát]
Waffeln (pl)	вафли (ж мн)	[váfli]
Eis (n)	сладолед (м)	[sladolét]

57. Gewürze

Salz (n)	сол (ж)	[sol]
salzig (Adj)	солен	[solén]
salzen (vt)	соля	[solʲá]
schwarzer Pfeffer (m)	черен пипер (м)	[tʃéren pipér]
roter Pfeffer (m)	червен пипер (м)	[tʃervén pipér]
Senf (m)	горчица (ж)	[gortʃítsa]
Meerrettich (m)	хрян (м)	[hrʲan]

Gewürz (n)	подправка (ж)	[podpráfka]
Gewürz (n)	подправка (ж)	[podpráfka]
Soße (f)	сос (м)	[sos]
Essig (m)	оцет (м)	[otsét]

Anis (m)	анасон (м)	[anasón]
Basilikum (n)	босилек (м)	[bosílek]
Nelke (f)	карамфил (м)	[karamfíl]
Ingwer (m)	джинджифил (м)	[dʒindʒifíl]
Koriander (m)	кориандър (м)	[koriándər]
Zimt (m)	канела (ж)	[kanéla]

Sesam (m)	сусам (м)	[susám]
Lorbeerblatt (n)	дафинов лист (м)	[dafínov list]
Paprika (m)	червен пипер (м)	[tʃervén pipér]
Kümmel (m)	черен тмин (м)	[tʃéren tmin]
Safran (m)	шафран (м)	[ʃafrán]

T&P BOOKS

PERSÖNLICHE
INFORMATIONEN. FAMILIE

58. Persönliche Informationen. Formulare
59. Familienmitglieder. Verwandte
60. Freunde. Arbeitskollegen

T&P Books Publishing

Vorname (m)	**име** (с)	[íme]
Name (m)	**фамилия** (ж)	[famílija]
Geburtsdatum (n)	**дата** (ж) **на раждане**	[dáta na ráӡdane]
Geburtsort (m)	**място** (с) **на раждане**	[mʲásto na ráӡdane]
Nationalität (f)	**националност** (ж)	[natsionálnost]
Wohnort (m)	**местожителство** (с)	[mestoӡítelstvo]
Land (n)	**страна** (ж)	[straná]
Beruf (m)	**професия** (ж)	[profésija]
Geschlecht (n)	**пол** (м)	[pol]
Größe (f)	**ръст** (м)	[rəst]
Gewicht (n)	**тегло** (с)	[tegló]

Mutter (f)	**майка** (ж)	[májka]
Vater (m)	**баща** (м)	[baʃtá]
Sohn (m)	**син** (м)	[sin]
Tochter (f)	**дъщеря** (ж)	[dəʃterʲá]
jüngste Tochter (f)	**по-малка дъщеря** (ж)	[po-málka dəʃterʲá]
jüngste Sohn (m)	**по-малък син** (м)	[po-málək sin]
ältere Tochter (f)	**по-голяма дъщеря** (ж)	[po-golʲáma dəʃterʲá]
älterer Sohn (m)	**по-голям син** (м)	[po-golʲám sin]
Bruder (m)	**брат** (м)	[brat]
Schwester (f)	**сестра** (ж)	[sestrá]
Cousin (m)	**братовчед** (м)	[bratovtʃét]
Cousine (f)	**братовчедка** (ж)	[bratovtʃétka]
Mama (f)	**мама** (ж)	[máma]
Papa (m)	**татко** (м)	[tátko]
Eltern (pl)	**родители** (м мн)	[rodíteli]
Kind (n)	**дете** (с)	[deté]
Kinder (pl)	**деца** (с мн)	[detsá]
Großmutter (f)	**баба** (ж)	[bába]
Großvater (m)	**дядо** (м)	[dʲádo]
Enkel (m)	**внук** (м)	[vnuk]
Enkelin (f)	**внучка** (ж)	[vnútʃka]
Enkelkinder (pl)	**внуци** (м мн)	[vnútsi]

Onkel (m)	вуйчо (м)	[vújʧo]
Tante (f)	леля (ж)	[lélʲa]
Neffe (m)	племенник (м)	[plémennik]
Nichte (f)	племенница (ж)	[plémennitsa]

Schwiegermutter (f)	тъща (ж)	[tə́ʃta]
Schwiegervater (m)	свекър (м)	[svékər]
Schwiegersohn (m)	зет (м)	[zet]
Stiefmutter (f)	мащеха (ж)	[máʃteha]
Stiefvater (m)	пастрок (м)	[pástrok]

Säugling (m)	кърмаче (c)	[kərmátʃe]
Kleinkind (n)	бебе (c)	[bébe]
Kleine (m)	момченце (c)	[momtʃéntse]

Frau (f)	жена (ж)	[ʒená]
Mann (m)	мъж (м)	[məʒ]
Ehemann (m)	съпруг (м)	[səprúk]
Gemahlin (f)	съпруга (ж)	[səprúga]

verheiratet (Ehemann)	женен	[ʒénen]
verheiratet (Ehefrau)	омъжена	[omə́ʒena]
ledig	неженен	[neʒénen]
Junggeselle (m)	ерген (м)	[ergén]
geschieden (Adj)	разведен	[razvéden]
Witwe (f)	вдовица (ж)	[vdovítsa]
Witwer (m)	вдовец (м)	[vdovéts]

Verwandte (m)	роднина (м, ж)	[rodnína]
naher Verwandter (m)	близък роднина (м)	[blízək rodnína]
entfernter Verwandter (m)	далечен роднина (м)	[dalétʃen rodnína]
Verwandte (pl)	роднини (мн)	[rodníni]

Waise (m, f)	сирак (м)	[sirák]
Vormund (m)	опекун (м)	[opekún]
adoptieren (einen Jungen)	осиновявам	[osinovʲávam]
adoptieren (ein Mädchen)	осиновявам момиче	[osinovʲávam momíʧe]

60. Freunde. Arbeitskollegen

Freund (m)	приятел (м)	[prijátel]
Freundin (f)	приятелка (ж)	[prijátelka]
Freundschaft (f)	приятелство (c)	[prijátelstvo]
befreundet sein	дружа	[druʒá]

Freund (m)	приятел (м)	[prijátel]
Freundin (f)	приятелка (ж)	[prijátelka]
Partner (m)	партньор (м)	[partnʲór]
Chef (m)	шеф (м)	[ʃef]
Vorgesetzte (m)	началник (м)	[natʃálnik]

| Untergeordnete (m) | подчинен (м) | [podtʃinén] |
| Kollege (m), Kollegin (f) | колега (м, ж) | [koléga] |

Bekannte (m)	познат (м)	[poznát]
Reisegefährte (m)	спътник (м)	[spǝ́tnik]
Mitschüler (m)	съученик (м)	[sǝutʃeník]

Nachbar (m)	съсед (м)	[sǝsét]
Nachbarin (f)	съседка (ж)	[sǝsétka]
Nachbarn (pl)	съседи (м мн)	[sǝsédi]

MENSCHLICHER KÖRPER. MEDIZIN

61. Kopf
62. Menschlicher Körper
63. Krankheiten
64. Symptome. Behandlungen. Teil 1
65. Symptome. Behandlungen. Teil 2
66. Symptome. Behandlungen. Teil 3
67. Medizin. Medikamente. Accessoires

T&P Books Publishing

61. Kopf

Kopf (m)	глава (ж)	[glavá]
Gesicht (n)	лице (с)	[litsé]
Nase (f)	нос (м)	[nos]
Mund (m)	уста (ж)	[ustá]

Auge (n)	око (с)	[okó]
Augen (pl)	очи (с мн)	[otʃí]
Pupille (f)	зеница (ж)	[zénitsa]
Augenbraue (f)	вежда (ж)	[véʒda]
Wimper (f)	мигла (ж)	[mígla]
Augenlid (n)	клепач (м)	[klepátʃ]

Zunge (f)	език (м)	[ezík]
Zahn (m)	зъб (м)	[zəp]
Lippen (pl)	устни (ж мн)	[ústni]
Backenknochen (pl)	скули (ж мн)	[skúli]
Zahnfleisch (n)	венец (м)	[venéts]
Gaumen (m)	небце (с)	[nebtsé]

Nasenlöcher (pl)	ноздри (ж мн)	[nózdri]
Kinn (n)	брадичка (ж)	[bradítʃka]
Kiefer (m)	челюст (ж)	[tʃélʲust]
Wange (f)	буза (ж)	[búza]

Stirn (f)	чело (с)	[tʃeló]
Schläfe (f)	слепоочие (с)	[slepoótʃie]
Ohr (n)	ухо (с)	[uhó]
Nacken (m)	тил (м)	[til]
Hals (m)	шия (ж)	[ʃíja]
Kehle (f)	гърло (с)	[gérlo]

Haare (pl)	коса (ж)	[kosá]
Frisur (f)	прическа (ж)	[pritʃéska]
Haarschnitt (m)	подстригване (с)	[potstrígvane]
Perücke (f)	перука (ж)	[perúka]

Schnurrbart (m)	мустаци (м мн)	[mustátsi]
Bart (m)	брада (ж)	[bradá]
haben (einen Bart ~)	нося	[nósʲa]
Zopf (m)	коса (ж)	[kosá]
Backenbart (m)	бакенбарди (мн)	[bakenbárdi]

| rothaarig | червенокос | [tʃervenokós] |
| grau | беловлас | [belovlás] |

| kahl | плешив | [pleʃív] |
| Glatze (f) | плешивина (ж) | [pleʃiviná] |

| Pferdeschwanz (m) | опашка (ж) | [opáʃka] |
| Pony (Ponyfrisur) | бретон (м) | [bretón] |

62. Menschlicher Körper

| Hand (f) | китка (ж) | [kítka] |
| Arm (m) | ръка (ж) | [rəká] |

Finger (m)	пръст (м)	[prəst]
Zehe (f)	пръст (м) на крак	[prəst na krak]
Daumen (m)	палец (м)	[pálets]
kleiner Finger (m)	кутре (с)	[kutré]
Nagel (m)	нокът (м)	[nókət]

Faust (f)	юмрук (м)	[jumrúk]
Handfläche (f)	длан (ж)	[dlan]
Handgelenk (n)	китка (ж)	[kítka]
Unterarm (m)	предмишница (ж)	[predmíʃnitsa]
Ellbogen (m)	лакът (м)	[lákət]
Schulter (f)	рамо (с)	[rámo]

Bein (n)	крак (м)	[krak]
Fuß (m)	ходило (с)	[hodílo]
Knie (n)	коляно (с)	[kolʲáno]
Wade (f)	прасец (м)	[praséts]

| Hüfte (f) | бедро (с) | [bedró] |
| Ferse (f) | пета (ж) | [petá] |

Körper (m)	тяло (с)	[tʲálo]
Bauch (m)	корем (м)	[korémʲ]
Brust (f)	гръд (ж)	[grəd]
Busen (m)	женска гръд (ж)	[ʒénska grəd]
Seite (f), Flanke (f)	страна (ж)	[straná]
Rücken (m)	гръб (м)	[grəp]

| Kreuz (n) | кръст (м) | [krəst] |
| Taille (f) | талия (ж) | [tálija] |

Nabel (m)	пъп (м)	[pəp]
Gesäßbacken (pl)	седалище (с)	[sedáliʃte]
Hinterteil (n)	задник (м)	[zádnik]

Leberfleck (m)	бенка (ж)	[bénka]
Muttermal (n)	родилно петно (с)	[rodílno petnó]
Tätowierung (f)	татуировка (ж)	[tatuirófka]
Narbe (f)	белег (м)	[bélek]

63. Krankheiten

Krankheit (f)	болест (ж)	[bólest]
krank sein	боледувам	[boledúvam]
Gesundheit (f)	здраве (c)	[zdráve]
Schnupfen (m)	хрема (ж)	[hréma]
Angina (f)	ангина (ж)	[angína]
Erkältung (f)	настинка (ж)	[nastínka]
sich erkälten	настина	[nastína]
Bronchitis (f)	бронхит (м)	[bronhít]
Lungenentzündung (f)	пневмония (ж)	[pnevmoníja]
Grippe (f)	грип (м)	[grip]
kurzsichtig	късоглед	[kəsoglét]
weitsichtig	далекоглед	[dalekoglét]
Schielen (n)	кривогледство (c)	[krivoglétstvo]
schielend (Adj)	кривоглед	[krivoglét]
grauer Star (m)	катаракта (ж)	[katarákta]
Glaukom (n)	глаукома (ж)	[glaukóma]
Schlaganfall (m)	инсулт (м)	[insúlt]
Infarkt (m)	инфаркт (м)	[infárkt]
Herzinfarkt (m)	инфаркт (м) на миокарда	[infárkt na miokárda]
Lähmung (f)	парализа (ж)	[paráliza]
lähmen (vt)	парализирам	[paralizíram]
Allergie (f)	алергия (ж)	[alérgija]
Asthma (n)	астма (ж)	[ástma]
Diabetes (m)	диабет (м)	[diabét]
Zahnschmerz (m)	зъбобол (м)	[zəboból]
Karies (f)	кариес (м)	[káries]
Durchfall (m)	диария (ж)	[diárija]
Verstopfung (f)	запек (м)	[zápek]
Magenverstimmung (f)	разстройство (c) на стомаха	[rastrójstvo na stomáha]
Vergiftung (f)	отравяне (c)	[otrávˈane]
Vergiftung bekommen	отровя се	[otróvˈa se]
Arthritis (f)	артрит (м)	[artrít]
Rachitis (f)	рахит (м)	[rahít]
Rheumatismus (m)	ревматизъм (м)	[revmatízəm]
Atherosklerose (f)	атеросклероза (ж)	[ateroskleróza]
Gastritis (f)	гастрит (м)	[gastrít]
Blinddarmentzündung (f)	апандисит (м)	[apandisít]
Cholezystitis (f)	холецистит (м)	[holetsistít]

Geschwür (n)	язва (ж)	[jázva]
Masern (pl)	дребна шарка (ж)	[drébna ʃárka]
Röteln (pl)	шарка (ж)	[ʃárka]
Gelbsucht (f)	жълтеница (ж)	[ʒəltenítsa]
Hepatitis (f)	хепатит (м)	[hepatít]
Schizophrenie (f)	шизофрения (ж)	[ʃizofreníja]
Tollwut (f)	бяс (м)	[bʲas]
Neurose (f)	невроза (ж)	[nevróza]
Gehirnerschütterung (f)	сътресение (c) на мозъка	[sətresénie na mózəka]
Krebs (m)	рак (м)	[rak]
Sklerose (f)	склероза (ж)	[skleróza]
multiple Sklerose (f)	множествена склероза (ж)	[mnóʒestvena skleróza]
Alkoholismus (m)	алкохолизъм (м)	[alkoholízəm]
Alkoholiker (m)	алкохолик (м)	[alkoholík]
Syphilis (f)	сифилис (м)	[sífilis]
AIDS	СПИН (м)	[spin]
Tumor (m)	тумор (м)	[túmor]
bösartig	злокачествен	[zlokátʃestven]
gutartig	доброкачествен	[dobrokátʃestven]
Fieber (n)	треска (ж)	[tréska]
Malaria (f)	малария (ж)	[malárija]
Gangrän (f, n)	гангрена (ж)	[gangréna]
Seekrankheit (f)	морска болест (ж)	[mórska bólest]
Epilepsie (f)	епилепсия (ж)	[epilépsija]
Epidemie (f)	епидемия (ж)	[epidémija]
Typhus (m)	тиф (м)	[tif]
Tuberkulose (f)	туберкулоза (ж)	[tuberkulóza]
Cholera (f)	холера (ж)	[holéra]
Pest (f)	чума (ж)	[tʃúma]

64. Symptome. Behandlungen. Teil 1

Symptom (n)	симптом (м)	[simptóm]
Temperatur (f)	температура (ж)	[temperatúra]
Fieber (n)	висока температура (ж)	[visóka temperatúra]
Puls (m)	пулс (м)	[puls]
Schwindel (m)	световъртеж (м)	[svetovərtéʃ]
heiß (Stirne usw.)	горещ	[goréʃt]
Schüttelfrost (m)	тръпки (ж мн)	[trépki]
blass (z.B. -es Gesicht)	бледен	[bléden]
Husten (m)	кашлица (ж)	[káʃlitsa]

husten (vi)	кашлям	[káʃlʲam]
niesen (vi)	кихам	[kíham]
Ohnmacht (f)	припадък (м)	[pripádək]
ohnmächtig werden	припадна	[pripádna]

blauer Fleck (m)	синина (ж)	[sininá]
Beule (f)	подутина (ж)	[podutiná]
sich stoßen	ударя се	[udárʲa se]
Prellung (f)	натъртване (с)	[natórtvane]
sich stoßen	ударя се	[udárʲa se]

hinken (vi)	куцам	[kútsam]
Verrenkung (f)	изкълчване (с)	[iskóltʃvane]
ausrenken (vt)	навехна	[navéhna]
Fraktur (f)	фрактура (ж)	[fraktúra]
brechen (Arm usw.)	счупя	[stʃúpʲa]

Schnittwunde (f)	порязване (с)	[porʲázvane]
sich schneiden	порежа се	[poréʒa se]
Blutung (f)	кръвотечение (с)	[krəvotetʃénie]

| Verbrennung (f) | изгаряне (с) | [izgárʲane] |
| sich verbrennen | опаря се | [opárʲa se] |

stechen (vt)	бодна	[bódna]
sich stechen	убода се	[ubodá se]
verletzen (vt)	нараня	[naranʲá]
Verletzung (f)	рана (ж)	[rána]
Wunde (f)	рана (ж)	[rána]
Trauma (n)	травма (ж)	[trávma]

irrereden (vi)	бълнувам	[bəlnúvam]
stottern (vi)	заеквам	[zaékvam]
Sonnenstich (m)	слънчев удар (м)	[slóntʃev údar]

65. Symptome. Behandlungen. Teil 2

| Schmerz (m) | болка (ж) | [bólka] |
| Splitter (m) | трънче (с) | [tróntʃe] |

Schweiß (m)	пот (ж)	[pot]
schwitzen (vi)	потя се	[potʲá se]
Erbrechen (n)	повръщане (с)	[povróʃtane]
Krämpfe (pl)	гърчове (м мн)	[górtʃove]

schwanger	бременна	[brémenna]
geboren sein	родя се	[rodʲá se]
Geburt (f)	раждане (с)	[ráʒdane]
gebären (vt)	раждам	[ráʒdam]
Abtreibung (f)	аборт (м)	[abórt]

Atem (m)	дишане (c)	[díʃane]
Atemzug (m)	вдишване (c)	[vdíʃvane]
Ausatmung (f)	издишване (c)	[izdíʃvane]
ausatmen (vt)	издишам	[izdíʃam]
einatmen (vt)	направя вдишване	[naprávʲa vdíʃvane]

Invalide (m)	инвалид (м)	[invalít]
Krüppel (m)	сакат човек (м)	[sakát ʧovék]
Drogenabhängiger (m)	наркоман (м)	[narkomán]

taub	глух	[gluh]
stumm	ням	[nʲam]
taubstumm	глухоням	[gluhonʲám]

verrückt (Adj)	луд	[lut]
Irre (m)	луд (м)	[lut]
Irre (f)	луда (ж)	[lúda]
den Verstand verlieren	полудея	[poludéja]

Gen (n)	ген (м)	[gen]
Immunität (f)	имунитет (м)	[imunitét]
erblich	наследствен	[naslétstven]
angeboren	вроден	[vrodén]

Virus (m, n)	вирус (м)	[vírus]
Mikrobe (f)	микроб (м)	[mikróp]
Bakterie (f)	бактерия (ж)	[baktérija]
Infektion (f)	инфекция (ж)	[inféktsija]

66. Symptome. Behandlungen. Teil 3

| Krankenhaus (n) | болница (ж) | [bólnitsa] |
| Patient (m) | пациент (м) | [patsiént] |

Diagnose (f)	диагноза (ж)	[diagnóza]
Heilung (f)	лекуване (c)	[lekúvane]
Behandlung (f)	лекуване (c)	[lekúvane]
Behandlung bekommen	лекувам се	[lekúvam se]
behandeln (vt)	лекувам	[lekúvam]
pflegen (Kranke)	грижа се	[gríʒa se]
Pflege (f)	грижа (ж)	[gríʒa]

Operation (f)	операция (ж)	[operátsija]
verbinden (vt)	превържа	[prevérʒa]
Verband (m)	превързване (c)	[prevérzvane]

Impfung (f)	ваксиниране (c)	[vaksinírane]
impfen (vt)	ваксинирам	[vaksiníram]
Spritze (f)	инжекция (ж)	[inʒéktsija]
eine Spritze geben	инжектирам	[inʒektíram]

Anfall (m)	пристъп, припа́дък (м)	[prístəp], [pripadək]
Amputation (f)	ампута́ция (ж)	[amputátsija]
amputieren (vt)	ампути́рам	[amputíram]
Koma (n)	ко́ма (ж)	[kóma]
im Koma liegen	нами́рам се в ко́ма	[namíram se v kóma]
Reanimation (f)	реанима́ция (ж)	[reanimátsija]

genesen von ... (vi)	оздравя́вам	[ozdravʲávam]
Zustand (m)	състоя́ние (с)	[səstojánie]
Bewusstsein (n)	съзна́ние (с)	[səznánie]
Gedächtnis (n)	па́мет (ж)	[pámet]

ziehen (einen Zahn ~)	вадя́	[vádʲa]
Plombe (f)	пло́мба (ж)	[plómba]
plombieren (vt)	пломби́рам	[plombíram]

| Hypnose (f) | хипно́за (ж) | [hipnóza] |
| hypnotisieren (vt) | хипнотизи́рам | [hipnotizíram] |

67. Medizin. Medikamente. Accessoires

Arznei (f)	лека́рство (с)	[lekárstvo]
Heilmittel (n)	сре́дство (с)	[srétstvo]
verschreiben (vt)	предпи́ша	[pretpíʃa]
Rezept (n)	реце́пта (ж)	[retsépta]

Tablette (f)	табле́тка (ж)	[tablétka]
Salbe (f)	мехле́м (м)	[mehlém]
Ampulle (f)	ампу́ла (ж)	[ampúla]
Mixtur (f)	миксту́ра (ж)	[mikstúra]
Sirup (m)	сиро́п (м)	[siróp]
Pille (f)	ха́пче (с)	[háptʃe]
Pulver (n)	прах (м)	[prah]

Verband (m)	бинт (м)	[bint]
Watte (f)	паму́к (м)	[pamúk]
Jod (n)	йод (м)	[jot]

Pflaster (n)	пла́стир (м)	[plastír]
Pipette (f)	капкоме́р (м)	[kapkomér]
Thermometer (n)	термоме́тър (м)	[termométər]
Spritze (f)	спринцо́вка (ж)	[sprintsófka]

| Rollstuhl (m) | инвали́дна коли́чка (ж) | [invalídna kolítʃka] |
| Krücken (pl) | патери́ци (ж мн) | [páteritsi] |

| Betäubungsmittel (n) | обезболя́ващо сре́дство (с) | [obezbolʲávaʃto srétstvo] |

| Abführmittel (n) | очисти́телно (с) | [otʃistítelno] |
| Spiritus (m) | спирт (м) | [spirt] |

Heilkraut (n)	**билка** (ж)	[bílka]
Kräuter- (z.B. Kräutertee)	**билков**	[bílkov]

WOHNUNG

68. Wohnung
69. Möbel. Innenausstattung
70. Bettwäsche
71. Küche
72. Bad
73. Haushaltsgeräte

T&P Books Publishing

Wohnung (f)	апартамент (м)	[apartamént]
Zimmer (n)	стая (ж)	[stája]
Schlafzimmer (n)	спалня (ж)	[spálnʲa]
Esszimmer (n)	столова (ж)	[stolová]
Wohnzimmer (n)	гостна (ж)	[góstna]
Arbeitszimmer (n)	кабинет (м)	[kabinét]
Vorzimmer (n)	антре (с)	[antré]
Badezimmer (n)	баня (ж)	[bánʲa]
Toilette (f)	тоалетна (ж)	[toalétna]
Decke (f)	таван (м)	[taván]
Fußboden (m)	под (м)	[pot]
Ecke (f)	ъгъл (м)	[ə́gəl]

Möbel (n)	мебели (мн)	[mébeli]
Tisch (m)	маса (ж)	[mása]
Stuhl (m)	стол (м)	[stol]
Bett (n)	легло (с)	[legló]
Sofa (n)	диван (м)	[diván]
Sessel (m)	фотьойл (м)	[fotʲójl]
Bücherschrank (m)	книжен шкаф (м)	[knʲíʒen ʃkaf]
Regal (n)	рафт (м)	[raft]
Schrank (m)	гардероб (м)	[garderóp]
Hakenleiste (f)	закачалка (ж)	[zakatʃálka]
Kleiderständer (m)	закачалка (ж)	[zakatʃálka]
Kommode (f)	скрин (м)	[skrin]
Couchtisch (m)	малка масичка (ж)	[málka másitʃka]
Spiegel (m)	огледало (с)	[ogledálo]
Teppich (m)	килим (м)	[kilím]
Matte (kleiner Teppich)	килимче (с)	[kilímtʃe]
Kamin (m)	камина (ж)	[kamína]
Kerze (f)	свещ (м)	[sveʃt]
Kerzenleuchter (m)	свещник (м)	[svéʃtnik]
Vorhänge (pl)	пердета (с мн)	[perdéta]

| Tapete (f) | тапети (м мн) | [tapéti] |
| Jalousie (f) | щора (ж) | [ʃtóra] |

Tischlampe (f)	лампа (ж) за маса	[lámpa za mása]
Leuchte (f)	светилник (м)	[svetílnik]
Stehlampe (f)	лампион (м)	[lampión]
Kronleuchter (m)	полилей (м)	[poliléj]

Bein (Tischbein usw.)	крак (м)	[krak]
Armlehne (f)	подлакътник (м)	[podlákətnik]
Lehne (f)	облегалка (ж)	[oblegálka]
Schublade (f)	чекмедже (с)	[tʃekmedʒé]

70. Bettwäsche

Bettwäsche (f)	спално бельо (с)	[spálno beljó]
Kissen (n)	възглавница (ж)	[vəzglávnitsa]
Kissenbezug (m)	калъфка (ж)	[kaləfka]
Bettdecke (f)	одеяло (с)	[odejálo]
Laken (n)	чаршаф (м)	[tʃarʃáf]
Tagesdecke (f)	завивка (ж)	[zavífka]

71. Küche

Küche (f)	кухня (ж)	[kúhnja]
Gas (n)	газ (м)	[gas]
Gasherd (m)	газова печка (ж)	[gázova pétʃka]
Elektroherd (m)	електрическа печка (ж)	[elektrítʃeska pétʃka]
Backofen (m)	фурна (ж)	[fúrna]
Mikrowellenherd (m)	микровълнова печка (ж)	[mikrovélnova pétʃka]

Kühlschrank (m)	хладилник (м)	[hladilnik]
Tiefkühltruhe (f)	фризер (м)	[frízer]
Geschirrspülmaschine (f)	съдомиялна машина (ж)	[sədomijálna maʃína]

Fleischwolf (m)	месомелачка (ж)	[meso·melátʃka]
Saftpresse (f)	сокоизстисквачка (ж)	[soko·isstiskvátʃka]
Toaster (m)	тостер (м)	[tóster]
Mixer (m)	миксер (м)	[míkser]

Kaffeemaschine (f)	кафеварка (ж)	[kafevárka]
Kaffeekanne (f)	кафеник (м)	[kafeník]
Kaffeemühle (f)	кафемелачка (ж)	[kafe·melátʃka]

Wasserkessel (m)	чайник (м)	[tʃájnik]
Teekanne (f)	чайник (м)	[tʃájnik]
Deckel (m)	капачка (ж)	[kapátʃka]
Teesieb (n)	цедка (ж)	[tsétka]

Löffel (m)	лъжица (ж)	[ləʒítsa]
Teelöffel (m)	чаена лъжица (ж)	[ʧáena ləʒítsa]
Esslöffel (m)	супена лъжица (ж)	[súpena ləʒítsa]
Gabel (f)	вилица (ж)	[vílitsa]
Messer (n)	нож (м)	[noʒ]
Geschirr (n)	съдове (м мн)	[sédove]
Teller (m)	чиния (ж)	[ʧiníja]
Untertasse (f)	малка чинийка (ж)	[málka ʧiníjka]
Schnapsglas (n)	чашка (ж)	[ʧáʃka]
Glas (n)	чаша (ж)	[ʧáʃa]
Tasse (f)	чаша (ж)	[ʧáʃa]
Zuckerdose (f)	захарница (ж)	[zaharnítsa]
Salzstreuer (m)	солница (ж)	[solnítsa]
Pfefferstreuer (m)	пиперница (ж)	[pipérnitsa]
Butterdose (f)	съд (м) за краве масло	[set za kráve masló]
Kochtopf (m)	тенджера (ж)	[téndʒera]
Pfanne (f)	тиган (м)	[tigán]
Schöpflöffel (m)	черпак (м)	[ʧerpák]
Durchschlag (m)	гевгир (м)	[gevgír]
Tablett (n)	табла (ж)	[tábla]
Flasche (f)	бутилка (ж)	[butílka]
Glas (Einmachglas)	буркан (м)	[burkán]
Dose (f)	тенекия (ж)	[tenekíja]
Flaschenöffner (m)	отварачка (ж)	[otvaráʧka]
Dosenöffner (m)	отварачка (ж)	[otvaráʧka]
Korkenzieher (m)	тирбушон (м)	[tirbuʃón]
Filter (n)	филтър (м)	[fíltər]
filtern (vt)	филтрирам	[filtríram]
Müll (m)	боклук (м)	[boklúk]
Mülleimer, Treteimer (m)	кофа (ж) за боклук	[kófa za boklúk]

72. Bad

Badezimmer (n)	баня (ж)	[bánʲa]
Wasser (n)	вода (ж)	[vodá]
Wasserhahn (m)	смесител (м)	[smesítel]
Warmwasser (n)	топла вода (ж)	[tópla vodá]
Kaltwasser (n)	студена вода (ж)	[studéna vodá]
Zahnpasta (f)	паста (ж) за зъби	[pásta za zébi]
Zähne putzen	мия си зъбите	[míja si zébite]
Zahnbürste (f)	четка (ж) за зъби	[ʧétka za zébi]
sich rasieren	бръсна се	[brésna se]

Rasierschaum (m)	пяна (ж) за бръснене	[p'ána za brésnene]
Rasierer (m)	бръснач (м)	[brəsnátʃ]
waschen (vt)	мия	[míja]
sich waschen	мия се	[míja se]
Dusche (f)	душ (м)	[duʃ]
sich duschen	вземам душ	[vzémam duʃ]
Badewanne (f)	вана (ж)	[vána]
Klosettbecken (n)	тоалетна чиния (ж)	[toalétna tʃiníja]
Waschbecken (n)	мивка (ж)	[mífka]
Seife (f)	сапун (м)	[sapún]
Seifenschale (f)	сапуниерка (ж)	[sapuniérka]
Schwamm (m)	гъба (ж)	[géba]
Shampoo (n)	шампоан (м)	[ʃampoán]
Handtuch (n)	кърпа (ж)	[kérpa]
Bademantel (m)	хавлиен халат (м)	[havlíen halát]
Wäsche (f)	пране (с)	[prané]
Waschmaschine (f)	перална машина (ж)	[perálna maʃína]
waschen (vt)	пера	[perá]
Waschpulver (n)	прах (м) за пране	[prah za prané]

73. Haushaltsgeräte

Fernseher (m)	телевизор (м)	[televízor]
Tonbandgerät (n)	касетофон (м)	[kasetofón]
Videorekorder (m)	видео (с)	[vídeo]
Empfänger (m)	радиоприемник (м)	[radio·priémnik]
Player (m)	плейър (м)	[pléər]
Videoprojektor (m)	прожекционен апарат (м)	[proʒektsiónen aparát]
Heimkino (n)	домашно кино (с)	[domáʃno kíno]
DVD-Player (m)	DVD плейър (м)	[dividí pléər]
Verstärker (m)	усилвател (м)	[usilvátel]
Spielkonsole (f)	игрова приставка (ж)	[igrová pristáfka]
Videokamera (f)	видеокамера (ж)	[video·kámera]
Kamera (f)	фотоапарат (м)	[fotoaparát]
Digitalkamera (f)	цифров фотоапарат (м)	[tsífrov fotoaparát]
Staubsauger (m)	прахосмукачка (ж)	[praho·smukátʃka]
Bügeleisen (n)	ютия (ж)	[jutíja]
Bügelbrett (n)	дъска (ж) за гладене	[dəská za gládene]
Telefon (n)	телефон (м)	[telefón]
Mobiltelefon (n)	мобилен телефон (м)	[mobílen telefón]

| Schreibmaschine (f) | пишеща машинка (ж) | [píʃeʃta maʃínka] |
| Nähmaschine (f) | шевна машина (ж) | [ʃévna maʃína] |

Mikrophon (n)	микрофон (м)	[mikrofón]
Kopfhörer (m)	слушалки (ж мн)	[sluʃálki]
Fernbedienung (f)	пулт (м)	[pult]

CD (f)	CD диск (м)	[sidí disk]
Kassette (f)	касета (ж)	[kaséta]
Schallplatte (f)	плоча (ж)	[plótʃa]

T&P BOOKS

DIE ERDE. WETTER

74. Weltall
75. Die Erde
76. Himmelsrichtungen
77. Meer. Ozean
78. Namen der Meere und Ozeane
79. Berge
80. Namen der Berge
81. Flüsse
82. Namen der Flüsse
83. Wald
84. natürliche Lebensgrundlagen
85. Wetter
86. Unwetter Naturkatastrophen

T&P Books Publishing

74. Weltall

Kosmos (m)	космос (м)	[kósmos]
kosmisch, Raum-	космически	[kosmítʃeski]
Weltraum (m)	космическо пространство (с)	[kosmítʃesko prostránstvo]
All (n)	свят (м)	[svʲat]
Universum (n)	вселена (ж)	[fseléna]
Galaxie (f)	галактика (ж)	[galáktika]
Stern (m)	звезда (ж)	[zvezdá]
Gestirn (n)	съзвездие (с)	[səzvézdie]
Planet (m)	планета (ж)	[planéta]
Satellit (m)	спътник (м)	[spátnik]
Meteorit (m)	метеорит (м)	[meteorít]
Komet (m)	комета (ж)	[kométa]
Asteroid (m)	астероид (м)	[asteroít]
Umlaufbahn (f)	орбита (ж)	[órbita]
sich drehen	въртя се	[vərtʲá se]
Atmosphäre (f)	атмосфера (ж)	[atmosféra]
Sonne (f)	Слънце	[sléntse]
Sonnensystem (n)	Слънчева система (ж)	[sléntʃeva sistéma]
Sonnenfinsternis (f)	слънчево затъмнение (с)	[sléntʃevo zatəmnénie]
Erde (f)	Земя	[zemʲá]
Mond (m)	Луна	[luná]
Mars (m)	Марс	[mars]
Venus (f)	Венера	[venéra]
Jupiter (m)	Юпитер	[júpiter]
Saturn (m)	Сатурн	[satúrn]
Merkur (m)	Меркурий	[merkúrij]
Uran (m)	Уран	[urán]
Neptun (m)	Нептун	[neptún]
Pluto (m)	Плутон	[plutón]
Milchstraße (f)	Млечен Път	[mlétʃen pət]
Der Große Bär	Голяма Мечка	[golʲáma métʃka]
Polarstern (m)	Полярна Звезда	[polʲárna zvezdá]
Marsbewohner (m)	марсианец (м)	[marsiánets]

Außerirdischer (m)	извънземен (м)	[izvənzémen]
außerirdisches Wesen (n)	пришелец (м)	[priʃeléts]
fliegende Untertasse (f)	летяща чиния (ж)	[letʲáʃta tʃiníja]

Raumschiff (n)	космически кораб (м)	[kosmítʃeski kórap]
Raumstation (f)	орбитална станция (ж)	[orbitálna stántsija]
Raketenstart (m)	старт (м)	[start]

Triebwerk (n)	двигател (м)	[dvigátel]
Düse (f)	дюза (ж)	[dʲúza]
Treibstoff (m)	гориво (с)	[gorívo]

Kabine (f)	кабина (ж)	[kabína]
Antenne (f)	антена (ж)	[anténa]
Bullauge (n)	илюминатор (м)	[ilʲuminátor]
Sonnenbatterie (f)	слънчева батерия (ж)	[slə́ntʃeva batérija]
Raumanzug (m)	скафандър (м)	[skafándər]

| Schwerelosigkeit (f) | безегловност (ж) | [besteglóvnost] |
| Sauerstoff (m) | кислород (м) | [kislorót] |

| Ankopplung (f) | свързване (с) | [svérzvane] |
| koppeln (vi) | свързвам се | [svérzvam se] |

Observatorium (n)	обсерватория (ж)	[opservatórija]
Teleskop (n)	телескоп (м)	[teleskóp]
beobachten (vt)	наблюдавам	[nablʲudávam]
erforschen (vt)	изследвам	[isslédvam]

75. Die Erde

Erde (f)	Земя (ж)	[zemʲá]
Erdkugel (f)	земно кълбо (о)	[zémno kəlbó]
Planet (m)	планета (ж)	[planéta]

Atmosphäre (f)	атмосфера (ж)	[atmosféra]
Geographie (f)	география (ж)	[geográfija]
Natur (f)	природа (ж)	[priróda]

Globus (m)	глобус (м)	[glóbus]
Landkarte (f)	карта (ж)	[kárta]
Atlas (m)	атлас (м)	[atlás]

Europa (n)	Европа	[evrópa]
Asien (n)	Азия	[ázija]
Afrika (n)	Африка	[áfrika]
Australien (n)	Австралия	[afstrálija]

| Amerika (n) | Америка | [amérika] |
| Nordamerika (n) | Северна Америка | [séverna amérika] |

Südamerika (n)	Южна Америка	[júʒna amérika]
Antarktis (f)	Антарктида	[antarktída]
Arktis (f)	Арктика	[árktika]

76. Himmelsrichtungen

Norden (m)	север (м)	[séver]
nach Norden	на север	[na séver]
im Norden	на север	[na séver]
nördlich	северен	[séveren]

Süden (m)	юг (м)	[juk]
nach Süden	на юг	[na juk]
im Süden	на юг	[na juk]
südlich	южен	[júʒen]

Westen (m)	запад (м)	[zápat]
nach Westen	на запад	[na zápat]
im Westen	на запад	[na zápat]
westlich, West-	западен	[západen]

Osten (m)	изток (м)	[ístok]
nach Osten	на изток	[na ístok]
im Osten	на изток	[na ístok]
östlich	източен	[ístotʃen]

77. Meer. Ozean

Meer (n), See (f)	море (с)	[moré]
Ozean (m)	океан (м)	[okeán]
Golf (m)	залив (м)	[zálif]
Meerenge (f)	пролив (м)	[próliv]

Kontinent (m)	материк (м)	[materík]
Insel (f)	остров (м)	[óstrov]
Halbinsel (f)	полуостров (м)	[poluóstrov]
Archipel (m)	архипелаг (м)	[arhipelák]

Bucht (f)	залив (м)	[zálif]
Hafen (m)	залив (м)	[zálif]
Lagune (f)	лагуна (ж)	[lagúna]
Kap (n)	нос (м)	[nos]

Atoll (n)	атол (м)	[atól]
Riff (n)	риф (м)	[rif]
Koralle (f)	корал (м)	[korál]
Korallenriff (n)	коралов риф (м)	[korálov rif]
tief (Adj)	дълбок	[dəlbók]

Tiefe (f)	дълбочина (ж)	[dəlbotʃiná]
Abgrund (m)	бездна (ж)	[bézna]
Graben (m)	падина (ж)	[padiná]

| Strom (m) | течение (c) | [tetʃénie] |
| umspülen (vt) | мия | [míja] |

| Ufer (n) | бряг (м) | [brʲak] |
| Küste (f) | крайбрежие (c) | [krajbréʒie] |

Flut (f)	прилив (м)	[príliv]
Ebbe (f)	отлив (м)	[ótliv]
Sandbank (f)	плитчина (ж)	[plittʃiná]
Boden (m)	дъно (c)	[déno]

Welle (f)	вълна (ж)	[vəlná]
Wellenkamm (m)	гребен (м) на вълна	[grében na vəlná]
Schaum (m)	пяна (ж)	[pʲána]

Sturm (m)	буря (ж)	[búrʲa]
Orkan (m)	ураган (м)	[uragán]
Tsunami (m)	цунами (c)	[tsunámi]
Windstille (f)	безветрие (c)	[bezvétrie]
ruhig	спокоен	[spokóen]

| Pol (m) | полюс (м) | [pólʲus] |
| Polar- | полярен | [polʲáren] |

Breite (f)	ширина (ж)	[ʃiriná]
Länge (f)	дължина (ж)	[dəɬʒiná]
Breitenkreis (m)	паралел (ж)	[paralél]
Äquator (m)	екватор (м)	[ekvátor]

Himmel (m)	небе (c)	[nebé]
Horizont (m)	хоризонт (м)	[horizónt]
Luft (f)	въздух (м)	[vézduh]

Leuchtturm (m)	фар (м)	[far]
tauchen (vi)	гмуркам се	[gmúrkam se]
versinken (vi)	потъна	[poténa]
Schätze (pl)	съкровища (с мн)	[səkróviʃta]

78. Namen der Meere und Ozeane

Atlantischer Ozean (m)	Атлантически океан	[atlantítʃeski okeán]
Indischer Ozean (m)	Индийски океан	[indíjski okeán]
Pazifischer Ozean (m)	Тихи океан	[tíhi okeán]
Arktischer Ozean (m)	Северен Ледовит океан	[séveren ledovít okeán]
Schwarzes Meer (n)	Черно море	[tʃérno moré]
Rotes Meer (n)	Червено море	[tʃervéno moré]

| Gelbes Meer (n) | Жълто море | [ʒélto moré] |
| Weißes Meer (n) | Бяло море | [bʲálo moré] |

Kaspisches Meer (n)	Каспийско море	[káspijsko moré]
Totes Meer (n)	Мъртво море	[mártvo moré]
Mittelmeer (n)	Средиземно море	[sredizémno moré]

| Ägäisches Meer (n) | Егейско море | [eɡéjsko moré] |
| Adriatisches Meer (n) | Адриатическо море | [adriatítʃesko moré] |

Arabisches Meer (n)	Арабско море	[arápsko moré]
Japanisches Meer (n)	Японско море	[japónsko moré]
Beringmeer (n)	Берингово море	[berínɡovo moré]
Südchinesisches Meer (n)	Южнокитайско море	[juʒnokitájsko moré]

Korallenmeer (n)	Коралово море	[korálovo moré]
Tasmansee (f)	Тасманово море	[tasmánovo moré]
Karibisches Meer (n)	Карибско море	[karíbsko moré]

| Barentssee (f) | Баренцово море | [baréntsovo moré] |
| Karasee (f) | Карско море | [kársko moré] |

Nordsee (f)	Северно море	[séverno moré]
Ostsee (f)	Балтийско море	[baltíjsko moré]
Nordmeer (n)	Норвежко море	[norvéʃko moré]

79. Berge

Berg (m)	планина (ж)	[planiná]
Gebirgskette (f)	планинска верига (ж)	[planínska veríga]
Bergrücken (m)	планински хребет (м)	[planínski hrebét]

Gipfel (m)	връх (м)	[vrəh]
Spitze (f)	пик (м)	[pik]
Bergfuß (m)	подножие (с)	[podnóʒie]
Abhang (m)	склон (м)	[sklon]

Vulkan (m)	вулкан (м)	[vulkán]
tätiger Vulkan (m)	действащ вулкан (м)	[déjstvaʃt vulkán]
schlafender Vulkan (m)	изгаснал вулкан (м)	[izgásnal vulkán]

Ausbruch (m)	изригване (с)	[izrígvane]
Krater (m)	кратер (м)	[kráter]
Magma (n)	магма (ж)	[mágma]
Lava (f)	лава (ж)	[láva]
glühend heiß (-e Lava)	нажежен	[naʒeʒén]

Cañon (m)	каньон (м)	[kanjón]
Schlucht (f)	дефиле (с)	[defilé]
Spalte (f)	тясна клисура (ж)	[tʲásna klisúra]

Abgrund (m) (steiler ~)	пропаст (ж)	[própast]
Gebirgspass (m)	превал (м)	[prevál]
Plateau (n)	плато (с)	[pláto]
Fels (m)	скала (ж)	[skalá]
Hügel (m)	хълм (м)	[həlm]
Gletscher (m)	ледник (м)	[lédnik]
Wasserfall (m)	водопад (м)	[vodopát]
Geiser (m)	гейзер (м)	[géjzer]
See (m)	езеро (с)	[ézero]
Ebene (f)	равнина (ж)	[ravniná]
Landschaft (f)	пейзаж (м)	[pejzáʒ]
Echo (n)	ехо (с)	[ého]
Bergsteiger (m)	алпинист (м)	[alpiníst]
Kletterer (m)	катерач (м)	[katerátʃ]
bezwingen (vt)	покорявам	[pokorʲávam]
Aufstieg (m)	възкачване (с)	[vəskátʃvane]

80. Namen der Berge

Alpen (pl)	Алпи	[álpi]
Montblanc (m)	Мон Блан	[mon blan]
Pyrenäen (pl)	Пиринеи	[pirinéi]
Karpaten (pl)	Карпати	[karpáti]
Uralgebirge (n)	Урал	[urál]
Kaukasus (m)	Кавказ	[kafkáz]
Elbrus (m)	Елбрус	[elbrús]
Altai (m)	Алтай	[altáj]
Tian Shan (m)	Тяншан	[tʲanʃan]
Pamir (m)	Памир	[pamír]
Himalaja (m)	Хималаи	[himalái]
Everest (m)	Еверест	[everést]
Anden (pl)	Анди	[ándi]
Kilimandscharo (m)	Килиманджаро	[kilimandʒáro]

81. Flüsse

Fluss (m)	река (ж)	[reká]
Quelle (f)	извор (м)	[ízvor]
Flussbett (n)	корито (с)	[koríto]
Stromgebiet (n)	басейн (м)	[baséjn]
einmünden in ...	вливам се	[vlívam se]
Nebenfluss (m)	приток (м)	[prítok]

Ufer (n)	бряг (м)	[brʲak]
Strom (m)	течение (с)	[tetʃénie]
stromabwärts	надолу по течението	[nadólu po tetʃénieto]
stromaufwärts	нагоре по течението	[nagóre po tetʃénieto]
Überschwemmung (f)	наводнение (с)	[navodnénie]
Hochwasser (n)	пролетно	[prolétno
	пълноводие (с)	pəlnovódie]
aus den Ufern treten	разливам се	[razlívam se]
überfluten (vt)	потопявам	[potopʲávam]
Sandbank (f)	плитчина (ж)	[plittʃiná]
Stromschnelle (f)	праг (м)	[prak]
Damm (m)	яз (м)	[jaz]
Kanal (m)	канал (м)	[kanál]
Stausee (m)	водохранилище (с)	[vodohraníliʃte]
Schleuse (f)	шлюз (м)	[ʃlʲuz]
Gewässer (n)	водоем (м)	[vodoém]
Sumpf (m), Moor (n)	блато (с)	[bláto]
Marsch (f)	тресавище (с)	[tresáviʃte]
Strudel (m)	водовъртеж (м)	[vodovərtéʒ]
Bach (m)	ручей (м)	[rútʃej]
Trink- (z.B. Trinkwasser)	питеен	[pitéen]
Süß- (Wasser)	сладководен	[slatkovóden]
Eis (n)	лед (м)	[let]
zufrieren (vi)	замръзна	[zamrézna]

82. Namen der Flüsse

Seine (f)	Сена	[séna]
Loire (f)	Лоара	[loára]
Themse (f)	Темза	[témza]
Rhein (m)	Рейн	[rejn]
Donau (f)	Дунав	[dúnav]
Wolga (f)	Волга	[vólga]
Don (m)	Дон	[don]
Lena (f)	Лена	[léna]
Gelber Fluss (m)	Хуанхъ	[huanhé]
Jangtse (m)	Яндзъ	[jandzé]
Mekong (m)	Меконг	[mekónk]
Ganges (m)	Ганг	[gang]
Nil (m)	Нил	[nil]
Kongo (m)	Конго	[kóngo]

Okavango (m)	Окаванго	[okavángo]
Sambesi (m)	Замбези	[zambézi]
Limpopo (m)	Лимпопо	[limpopó]
Mississippi (m)	Мисисипи	[misisípi]

83. Wald

| Wald (m) | гора (ж) | [gorá] |
| Wald- | горски | [górski] |

Dickicht (n)	гъсталак (м)	[gəstalák]
Gehölz (n)	горичка (ж)	[gorítʃka]
Lichtung (f)	поляна (ж)	[polʲána]

| Dickicht (n) | гъсталак (м) | [gəstalák] |
| Gebüsch (n) | храсталак (м) | [hrastalák] |

| Fußweg (m) | пътечка (ж) | [pətétʃka] |
| Erosionsrinne (f) | овраг (м) | [ovrák] |

Baum (m)	дърво (c)	[dərvó]
Blatt (n)	лист (м)	[list]
Laub (n)	шума (ж)	[ʃúma]

Laubfall (m)	листопад (м)	[listopát]
fallen (Blätter)	опадвам	[opádvam]
Wipfel (m)	връх (м)	[vrəh]

Zweig (m)	клонка (м)	[klónka]
Ast (m)	дебел клон (м)	[debél klon]
Knospe (f)	пъпка (ж)	[pəpka]
Nadel (f)	игла (ж)	[iglá]
Zapfen (ⱼ)	шишарка (ж)	[ʃiʃárka]

Höhlung (f)	хралупа (ж)	[hralúpa]
Nest (n)	гнездо (c)	[gnezdó]
Höhle (f)	дупка (ж)	[dúpka]

Stamm (m)	стъбло (c)	[stəbló]
Wurzel (f)	корен (м)	[kóren]
Rinde (f)	кора (ж)	[korá]
Moos (n)	мъх (м)	[məh]

entwurzeln (vt)	изкоренявам	[izkorenʲávam]
fällen (vt)	сека	[seká]
abholzen (vt)	изсичам	[issítʃam]
Baumstumpf (m)	пън (м)	[pən]

| Lagerfeuer (n) | клада (ж) | [kláda] |
| Waldbrand (m) | пожар (м) | [poʒár] |

löschen (vt)	загасявам	[zagasʲávam]
Förster (m)	горски пазач (м)	[górski pazátʃ]
Schutz (m)	опазване (c)	[opázvane]
beschützen (vt)	опазвам	[opázvam]
Wilddieb (m)	бракониер (м)	[brakoniér]
Falle (f)	капан (м)	[kapán]
sammeln, pflücken (vt)	събирам	[sǝbíram]
sich verirren	загубя се	[zagúbʲa se]

84. natürliche Lebensgrundlagen

Naturressourcen (pl)	природни ресурси (м мн)	[priródni resúrsi]
Bodenschätze (pl)	полезни изкопаеми (с мн)	[polézni iskopáemi]
Vorkommen (n)	залежи (мн)	[zaléʒi]
Feld (Ölfeld usw.)	находище (c)	[nahódiʃte]
gewinnen (vt)	добивам	[dobívam]
Gewinnung (f)	добиване (c)	[dobívane]
Erz (n)	руда (ж)	[rudá]
Bergwerk (n)	рудник (м)	[rúdnik]
Schacht (m)	шахта (ж)	[ʃáhta]
Bergarbeiter (m)	миньор (м)	[minʲór]
Erdgas (n)	газ (м)	[gas]
Gasleitung (f)	газопровод (м)	[gazoprovót]
Erdöl (n)	нефт (м)	[neft]
Erdölleitung (f)	нефтопровод (м)	[neftoprovót]
Ölquelle (f)	нефтена кула (ж)	[néftena kúla]
Bohrturm (m)	сондажна кула (ж)	[sondáʒna kúla]
Tanker (m)	танкер (м)	[tánker]
Sand (m)	пясък (м)	[pʲásǝk]
Kalkstein (m)	варовик (м)	[varóvik]
Kies (m)	дребен чакъл (м)	[drében tʃakǝl]
Torf (m)	торф (м)	[torf]
Ton (m)	глина (ж)	[glína]
Kohle (f)	въглища (мн)	[vǝgliʃta]
Eisen (n)	желязо (c)	[ʒelʲázo]
Gold (n)	злато (c)	[zláto]
Silber (n)	сребро (c)	[srebró]
Nickel (n)	никел (м)	[níkel]
Kupfer (n)	мед (ж)	[met]
Zink (n)	цинк (м)	[tsink]
Mangan (n)	манган (м)	[mangán]
Quecksilber (n)	живак (м)	[ʒivák]

Blei (n)	олово (c)	[olóvo]
Mineral (n)	минерал (м)	[minerál]
Kristall (m)	кристал (м)	[kristál]
Marmor (m)	мрамор (м)	[mrámor]
Uran (n)	уран (м)	[urán]

85. Wetter

Wetter (n)	време (c)	[vréme]
Wetterbericht (m)	прогноза (ж) за времето	[prognóza za vrémeto]
Temperatur (f)	температура (ж)	[temperatúra]
Thermometer (n)	термометър (м)	[termométər]
Barometer (n)	барометър (м)	[barométər]

feucht	влажен	[vláʒen]
Feuchtigkeit (f)	влажност (ж)	[vláʒnost]
Hitze (f)	пек (м)	[pek]
glutheiß	горещ	[goréʃt]
ist heiß	горещо	[goréʃto]

| ist warm | топло | [tóplo] |
| warm (Adj) | топъл | [tópəl] |

| ist kalt | студено | [studéno] |
| kalt (Adj) | студен | [studén] |

Sonne (f)	слънце (c)	[sléntse]
scheinen (vi)	грея	[gréja]
sonnig (Adj)	слънчев	[sléntʃev]
aufgehen (vi)	изгрея	[izgréja]
untergehen (vi)	заляза	[zalʲáza]

Wolko (f)	облак (м)	[óblak]
bewölkt, wolklg	облачен	[óblatʃen]
Regenwolke (f)	голям облак (м)	[golʲám óblak]
trüb (-er Tag)	навъсен	[navésen]

Regen (m)	дъжд (м)	[dəʒt]
Es regnet	вали дъжд	[valí dəʒt]
regnerisch (-er Tag)	дъждовен	[dəʒdóven]
nieseln (vi)	ръмя	[rəmʲá]

strömender Regen (m)	пороен дъжд (м)	[poróen dəʒt]
Regenschauer (m)	порой (м)	[porój]
stark (-er Regen)	силен	[sílen]
Pfütze (f)	локва (ж)	[lókva]
nass werden (vi)	намокря се	[namókrʲa se]

| Nebel (m) | мъгла (ж) | [məglá] |
| neblig (-er Tag) | мъглив | [məglíf] |

| Schnee (m) | сняг (м) | [snʲak] |
| Es schneit | вали сняг | [valí snʲak] |

86. Unwetter Naturkatastrophen

Gewitter (n)	гръмотевична буря (ж)	[grəmotévitʃna búrʲa]
Blitz (m)	мълния (ж)	[mélnija]
blitzen (vi)	блясвам	[blʲásvam]

Donner (m)	гръм (м)	[grəm]
donnern (vi)	гърмя	[gərmʲá]
Es donnert	гърми	[gərmí]

| Hagel (m) | градушка (ж) | [gradúʃka] |
| Es hagelt | пада градушка | [páda gradúʃka] |

| überfluten (vt) | потопя | [potopʲá] |
| Überschwemmung (f) | наводнение (с) | [navodnénie] |

Erdbeben (n)	земетресение (с)	[zemetresénie]
Erschütterung (f)	трус (м)	[trus]
Epizentrum (n)	епицентър (м)	[epitséntər]

| Ausbruch (m) | изригване (с) | [izrígvane] |
| Lava (f) | лава (ж) | [láva] |

Wirbelsturm (m),	торнадо (с)	[tornádo]
Tornado (m)		
Taifun (m)	тайфун (м)	[tajfún]

Orkan (m)	ураган (м)	[uragán]
Sturm (m)	буря (ж)	[búrʲa]
Tsunami (m)	цунами (с)	[tsunámi]

Zyklon (m)	циклон (м)	[tsiklón]
Unwetter (n)	лошо време (с)	[lóʃo vréme]
Brand (m)	пожар (м)	[poʒár]
Katastrophe (f)	катастрофа (ж)	[katastrófa]
Meteorit (m)	метеорит (м)	[meteorít]

Lawine (f)	лавина (ж)	[lavína]
Schneelawine (f)	лавина (ж)	[lavína]
Schneegestöber (n)	виелица (ж)	[viélitsa]
Schneesturm (m)	снежна буря (ж)	[snéʒna búrʲa]

FAUNA

87. Säugetiere. Raubtiere
88. Tiere in freier Wildbahn
89. Haustiere
90. Vögel
91. Fische. Meerestiere
92. Amphibien Reptilien
93. Insekten

T&P Books Publishing

87. Säugetiere. Raubtiere

Raubtier (n)	хищник (м)	[híʃtnik]
Tiger (m)	тигър (м)	[tígər]
Löwe (m)	лъв (м)	[ləv]
Wolf (m)	вълк (м)	[vəlk]
Fuchs (m)	лисица (ж)	[lisítsa]
Jaguar (m)	ягуар (м)	[jaguár]
Leopard (m)	леопард (м)	[leopárt]
Gepard (m)	гепард (м)	[gepárt]
Panther (m)	пантера (ж)	[pantéra]
Puma (m)	пума (ж)	[púma]
Schneeleopard (m)	снежен барс (м)	[snéʒen bars]
Luchs (m)	рис (м)	[ris]
Kojote (m)	койот (м)	[kojót]
Schakal (m)	чакал (м)	[ʧakál]
Hyäne (f)	хиена (ж)	[hiéna]

88. Tiere in freier Wildbahn

Tier (n)	животно (с)	[ʒivótno]
Bestie (f)	звяр (м)	[zvʲar]
Eichhörnchen (n)	катерица (ж)	[káteritsa]
Igel (m)	таралеж (м)	[taraléʒ]
Hase (m)	заек (м)	[záek]
Kaninchen (n)	питомен заек (м)	[pítomen záek]
Dachs (m)	язовец (м)	[jázovets]
Waschbär (m)	енот (м)	[enót]
Hamster (m)	хамстер (м)	[hámster]
Murmeltier (n)	мармот (м)	[marmót]
Maulwurf (m)	къртица (ж)	[kərtítsa]
Maus (f)	мишка (ж)	[míʃka]
Ratte (f)	плъх (м)	[pləh]
Fledermaus (f)	прилеп (м)	[prílep]
Hermelin (n)	хермелин (м)	[hermelín]
Zobel (m)	самур (м)	[samúr]
Marder (m)	бялка (ж)	[bʲálka]

Wiesel (n)	невестулка (ж)	[nevestúlka]
Nerz (m)	норка (ж)	[nórka]
Biber (m)	бобър (м)	[bóbər]
Fischotter (m)	видра (ж)	[vídra]
Pferd (n)	кон (м)	[kon]
Elch (m)	лос (м)	[los]
Hirsch (m)	елен (м)	[elén]
Kamel (n)	камила (ж)	[kamíla]
Bison (m)	бизон (м)	[bizón]
Wisent (m)	зубър (м)	[zúbər]
Büffel (m)	бивол (м)	[bívol]
Zebra (n)	зебра (ж)	[zébra]
Antilope (f)	антилопа (ж)	[antilópa]
Reh (n)	сърна (ж)	[sərná]
Damhirsch (m)	лопатар (м)	[lopatár]
Gämse (f)	сърна (ж)	[sərná]
Wildschwein (n)	глиган (м)	[gligán]
Wal (m)	кит (м)	[kit]
Seehund (m)	тюлен (м)	[tʲulén]
Walroß (n)	морж (м)	[morʒ]
Seebär (m)	морска котка (ж)	[mórska kótka]
Delfin (m)	делфин (м)	[delfín]
Bär (m)	мечка (ж)	[métʃka]
Eisbär (m)	бяла мечка (ж)	[bʲála métʃka]
Panda (m)	панда (ж)	[pánda]
Affe (m)	маймуна (ж)	[majmúna]
Schimpanse (m)	шимпанзе (с)	[ʃimpanzé]
Orang Utan (m)	орангутан (м)	[orangután]
Gorilla (m)	горила (ж)	[gorílla]
Makak (m)	макак (м)	[makák]
Gibbon (m)	гибон (м)	[gibón]
Elefant (m)	слон (м)	[slon]
Nashorn (n)	носорог (м)	[nosorók]
Giraffe (f)	жираф (м)	[ʒiráf]
Flusspferd (n)	хипопотам (м)	[hipopotám]
Känguru (n)	кенгуру (с)	[kénguru]
Koala (m)	коала (ж)	[koála]
Manguste (f)	мангуста (ж)	[mangústa]
Chinchilla (n)	чинчила (ж)	[tʃintʃíla]
Stinktier (n)	скунс (м)	[skuns]
Stachelschwein (n)	бодливец (м)	[bodlívets]

89. Haustiere

Katze (f)	котка (ж)	[kótka]
Kater (m)	котарак (м)	[kotarák]
Pferd (n)	кон (м)	[kon]
Hengst (m)	жребец (м)	[ʒrebéts]
Stute (f)	кобила (ж)	[kobíla]
Kuh (f)	крава (ж)	[kráva]
Stier (m)	бик (м)	[bik]
Ochse (m)	вол (м)	[vol]
Schaf (n)	овца (ж)	[ovtsá]
Widder (m)	овен (м)	[ovén]
Ziege (f)	коза (ж)	[kozá]
Ziegenbock (m)	козел (м)	[kozél]
Esel (m)	магаре (с)	[magáre]
Maultier (n)	муле (с)	[múle]
Schwein (n)	свиня (ж)	[svinʲá]
Ferkel (n)	прасе (с)	[prasé]
Kaninchen (n)	питомен заек (м)	[pítomen záek]
Huhn (n)	кокошка (ж)	[kokóʃka]
Hahn (m)	петел (м)	[petél]
Ente (f)	патица (ж)	[pátitsa]
Enterich (m)	паток (м)	[patók]
Gans (f)	гъсок (м)	[gəsók]
Puter (m)	пуяк (м)	[pújak]
Pute (f)	пуйка (ж)	[pújka]
Haustiere (pl)	домашни животни (с мн)	[domáʃni ʒivótni]
zahm	питомен	[pítomen]
zähmen (vt)	опитомявам	[opitomʲávam]
züchten (vt)	отглеждам	[otgléʒdam]
Farm (f)	ферма (ж)	[férma]
Geflügel (n)	домашна птица (ж)	[domáʃna ptítsa]
Vieh (n)	добитък (м)	[dobítək]
Herde (f)	стадо (с)	[stádo]
Pferdestall (m)	обор (м)	[obór]
Schweinestall (m)	кочина (ж)	[kótʃina]
Kuhstall (m)	краварник (м)	[kravárnik]
Kaninchenstall (m)	зайчарник (м)	[zajtʃárnik]
Hühnerstall (m)	курник (м)	[kúrnik]

90. Vögel

Vogel (m)	птица (ж)	[ptítsa]
Taube (f)	гълъб (м)	[gǝlǝp]
Spatz (m)	врабче (с)	[vrabtʃé]
Meise (f)	синигер (м)	[sinigér]
Elster (f)	сврака (ж)	[svráka]

Rabe (m)	гарван (м)	[gárvan]
Krähe (f)	врана (ж)	[vrána]
Dohle (f)	гарга (ж)	[gárga]
Saatkrähe (f)	полски гарван (м)	[pólski gárvan]

Ente (f)	патица (ж)	[pátitsa]
Gans (f)	гъсок (м)	[gǝsók]
Fasan (m)	фазан (м)	[fazán]

Adler (m)	орел (м)	[orél]
Habicht (m)	ястреб (м)	[jástrep]
Falke (m)	сокол (м)	[sokól]
Greif (m)	гриф (м)	[grif]
Kondor (m)	кондор (м)	[kondór]

Schwan (m)	лебед (м)	[lébet]
Kranich (m)	жерав (м)	[ʒérav]
Storch (m)	щъркел (м)	[ʃtǝrkel]

Papagei (m)	папагал (м)	[papagál]
Kolibri (m)	колибри (с)	[kolíbri]
Pfau (m)	паун (м)	[paún]

Strauß (m)	щраус (м)	[ʃtráus]
Reiher (m)	чапла (ж)	[tʃápla]
Flamingo (m)	фламинго (с)	[flamíngo]
Pelikan (m)	пеликан (м)	[pelikárı]

| Nachtigall (f) | славей (м) | [slávej] |
| Schwalbe (f) | лястовица (ж) | [lʲástovitsa] |

Drossel (f)	дрозд (м)	[drozd]
Singdrossel (f)	поен дрозд (м)	[póen drozd]
Amsel (f)	кос, черен дрозд (м)	[kos], [tʃéren drozd]

Segler (m)	бързолет (м)	[bǝrzolét]
Lerche (f)	чучулига (ж)	[tʃutʃulíga]
Wachtel (f)	пъдпъдък (м)	[pǝdpǝdék]

Specht (m)	кълвач (м)	[kǝlvátʃ]
Kuckuck (m)	кукувица (ж)	[kúkuvitsa]
Eule (f)	сова (ж)	[sóva]
Uhu (m)	бухал (м)	[búhal]

Auerhahn (m)	глухар (м)	[gluhár]
Birkhahn (m)	тетрев (м)	[tétrev]
Rebhuhn (n)	яребица (ж)	[járebitsa]

Star (m)	скорец (м)	[skoréts]
Kanarienvogel (m)	канарче (с)	[kanártʃe]
Haselhuhn (n)	лещарка (ж)	[leʃtárka]
Buchfink (m)	чинка (ж)	[tʃínka]
Gimpel (m)	червенушка (ж)	[tʃervenúʃka]

Möwe (f)	чайка (ж)	[tʃájka]
Albatros (m)	албатрос (м)	[albatrós]
Pinguin (m)	пингвин (м)	[pingvín]

91. Fische. Meerestiere

Brachse (f)	платика (ж)	[platíka]
Karpfen (m)	шаран (м)	[ʃarán]
Barsch (m)	костур (м)	[kostúr]
Wels (m)	сом (м)	[som]
Hecht (m)	щука (ж)	[ʃtúka]

| Lachs (m) | сьомга (ж) | [sʲómga] |
| Stör (m) | есетра (ж) | [esétra] |

Hering (m)	селда (ж)	[sélda]
atlantische Lachs (m)	сьомга (ж)	[sʲómga]
Makrele (f)	скумрия (ж)	[skumríja]
Scholle (f)	калкан (м)	[kalkán]

Zander (m)	бяла риба (ж)	[bʲála ríba]
Dorsch (m)	треска (ж)	[tréska]
Tunfisch (m)	риба тон (м)	[ríba ton]
Forelle (f)	пъстърва (ж)	[pəstə́rva]

Aal (m)	змиорка (ж)	[zmiórka]
Zitterrochen (m)	електрически скат (м)	[elektrítʃeski skat]
Muräne (f)	мурена (ж)	[muréna]
Piranha (m)	пираня (ж)	[piránʲa]

Hai (m)	акула (ж)	[akúla]
Delfin (m)	делфин (м)	[delfín]
Wal (m)	кит (м)	[kit]

Krabbe (f)	морски рак (м)	[mórski rak]
Meduse (f)	медуза (ж)	[medúza]
Krake (m)	октопод (м)	[oktopót]

| Seestern (m) | морска звезда (ж) | [mórska zvezdá] |
| Seeigel (m) | морски таралеж (м) | [mórski taralézh] |

Seepferdchen (n)	морско конче (с)	[mórsko kóntʃe]
Auster (f)	стрида (ж)	[strída]
Garnele (f)	скарида (ж)	[skarída]
Hummer (m)	омар (м)	[omár]
Languste (f)	лангуста (ж)	[langústa]

92. Amphibien Reptilien

Schlange (f)	змия (ж)	[zmijá]
Gift-, giftig	отровен	[otróven]
Viper (f)	усойница (ж)	[usójnitsa]
Kobra (f)	кобра (ж)	[kóbra]
Python (m)	питон (м)	[pitón]
Boa (f)	боа (ж)	[boá]
Ringelnatter (f)	смок (м)	[smok]
Klapperschlange (f)	гърмяща змия (ж)	[gərmʲáʃta zmijá]
Anakonda (f)	анаконда (ж)	[anakónda]
Eidechse (f)	гущер (м)	[gúʃter]
Leguan (m)	игуана (ж)	[iguána]
Waran (m)	варан (м)	[varán]
Salamander (m)	саламандър (м)	[salamándər]
Chamäleon (n)	хамелеон (м)	[hameleón]
Skorpion (m)	скорпион (м)	[skorpión]
Schildkröte (f)	костенурка (ж)	[kostenúrka]
Frosch (m)	водна жаба (ж)	[vódna ʒába]
Kröte (f)	жаба (ж)	[ʒába]
Krokodil (n)	крокодил (м)	[krokodíl]

93. Insekten

Insekt (n)	насекомо (с)	[nasekómo]
Schmetterling (m)	пеперуда (ж)	[peperúda]
Ameise (f)	мравка (ж)	[mráfka]
Fliege (f)	муха (ж)	[muhá]
Mücke (f)	комар (м)	[komár]
Käfer (m)	бръмбар (м)	[brémbar]
Wespe (f)	оса (ж)	[osá]
Biene (f)	пчела (ж)	[ptʃelá]
Hummel (f)	земна пчела (ж)	[zémna ptʃelá]
Bremse (f)	щръклица (ж), овод (м)	[ʃtréklitsa], [óvot]
Spinne (f)	паяк (м)	[pájak]
Spinnennetz (n)	паяжина (ж)	[pájaʒina]

Libelle (f)	водно конче (c)	[vódno kónʧe]
Grashüpfer (m)	скакалец (м)	[skakaléts]
Schmetterling (m)	нощна пеперуда (ж)	[nóʃtna peperúda]

Schabe (f)	хлебарка (ж)	[hlebárka]
Zecke (f)	кърлеж (м)	[kə́rleʃ]
Floh (m)	бълха (ж)	[bəlhá]
Kriebelmücke (f)	мушица (ж)	[muʃítsa]

Heuschrecke (f)	прелетен скакалец (м)	[préleten skakaléts]
Schnecke (f)	охлюв (м)	[óhlʲuf]
Heimchen (n)	щурец (м)	[ʃturéts]
Leuchtkäfer (m)	светулка (ж)	[svetúlka]
Marienkäfer (m)	калинка (ж)	[kalínka]
Maikäfer (m)	майски бръмбар (м)	[májski brə́mbar]

Blutegel (m)	пиявица (ж)	[pijávitsa]
Raupe (f)	гъсеница (ж)	[gəsénitsa]
Wurm (m)	червей (м)	[ʧérvej]
Larve (f)	буба (ж)	[búba]

FLORA

94. Bäume
95. Büsche
96. Obst. Beeren
97. Blumen. Pflanzen
98. Getreide, Körner

T&P Books Publishing

Baum (m)	дърво (c)	[dərvó]
Laub-	широколистно	[ʃirokolístno]
Nadel-	иглолистно	[iglolístnɔ]
immergrün	вечнозелено	[vetʃnozeléno]

Apfelbaum (m)	ябълка (ж)	[jábəlka]
Birnbaum (m)	круша (ж)	[krúʃa]
Süßkirschbaum (m)	череша (ж)	[tʃeréʃa]
Sauerkirschbaum (m)	вишна (ж)	[víʃna]
Pflaumenbaum (m)	слива (ж)	[slíva]

Birke (f)	бреза (ж)	[brezá]
Eiche (f)	дъб (м)	[dəp]
Linde (f)	липа (ж)	[lipá]
Espe (f)	трепетлика (ж)	[trepetlíka]
Ahorn (m)	клен (м)	[klen]

Fichte (f)	ела (ж)	[elá]
Kiefer (f)	бор (м)	[bor]
Lärche (f)	лиственица (ж)	[lístvenitsa]

| Tanne (f) | бяла ела (ж) | [bʲála elá] |
| Zeder (f) | кедър (м) | [kédər] |

| Pappel (f) | топола (ж) | [topóla] |
| Vogelbeerbaum (m) | офика (ж) | [ofíka] |

| Weide (f) | върба (ж) | [vərbá] |
| Erle (f) | елша (ж) | [elʃá] |

| Buche (f) | бук (м) | [buk] |
| Ulme (f) | бряст (м) | [brʲast] |

| Esche (f) | ясен (м) | [jásen] |
| Kastanie (f) | кестен (м) | [késten] |

Magnolie (f)	магнолия (ж)	[magnólija]
Palme (f)	палма (ж)	[pálma]
Zypresse (f)	кипарис (м)	[kiparís]

Mangrovenbaum (m)	мангрово дърво (c)	[mangrovo dərvó]
Baobab (m)	баобаб (м)	[baobáp]
Eukalyptus (m)	евкалипт (м)	[efkalípt]
Mammutbaum (m)	секвоя (ж)	[sekvója]

95. Büsche

| Strauch (m) | храст (м) | [hrast] |
| Gebüsch (n) | храсталак (м) | [hrastalák] |

| Weinstock (m) | грозде (c) | [grózde] |
| Weinberg (m) | лозе (c) | [lóze] |

Himbeerstrauch (m)	малина (ж)	[malína]
schwarze Johannisbeere (f)	черно френско грозде (c)	[tʃérno frénsko grózde]
rote Johannisbeere (f)	червено френско грозде (c)	[tʃervéno frénsko grózde]
Stachelbeerstrauch (m)	цариградско грозде (c)	[tsarigrátsko grózde]

Akazie (f)	акация (ж)	[akátsija]
Berberitze (f)	кисел трън (м)	[kísel trən]
Jasmin (m)	жасмин (м)	[ʒasmín]

Wacholder (m)	хвойна, смрика (ж)	[hvójna], [smríka]
Rosenstrauch (m)	розов храст (м)	[rózov hrast]
Heckenrose (f)	шипка (ж)	[ʃípka]

96. Obst. Beeren

Frucht (f)	плод (м)	[plot]
Früchte (pl)	плодове (м мн)	[plodové]
Apfel (m)	ябълка (ж)	[jábəlka]
Birne (f)	круша (ж)	[krúʃa]
Pflaume (f)	слива (ж)	[slíva]

Erdbeere (f)	ягода (ж)	[jágoda]
Sauerkirsche (f)	вишна (ж)	[víʃna]
Süßkirsche (f)	череша (ж)	[tʃeréʃa]
Weintrauben (pl)	грозде (c)	[grózde]

Himbeere (f)	малина (ж)	[malína]
schwarze Johannisbeere (f)	черно френско грозде (c)	[tʃérno frénsko grózde]
rote Johannisbeere (f)	червено френско грозде (c)	[tʃervéno frénsko grózde]
Stachelbeere (f)	цариградско грозде (c)	[tsarigrátsko grózde]
Moosbeere (f)	клюква (ж)	[klʲúkva]

Apfelsine (f)	портокал (м)	[portokál]
Mandarine (f)	мандарина (ж)	[mandarína]
Ananas (f)	ананас (м)	[ananás]
Banane (f)	банан (м)	[banán]
Dattel (f)	фурма (ж)	[furmá]

Zitrone (f)	лимон (м)	[limón]
Aprikose (f)	кайсия (ж)	[kajsíja]
Pfirsich (m)	праскова (ж)	[práskova]
Kiwi (f)	киви (с)	[kívi]
Grapefruit (f)	грейпфрут (м)	[gréjpfrut]

Beere (f)	горски плод (м)	[górski plot]
Beeren (pl)	горски плодове (м мн)	[górski plodové]
Preiselbeere (f)	червена боровинка (ж)	[tʃervéna borovínka]
Walderdbeere (f)	горска ягода (ж)	[górska jágoda]
Heidelbeere (f)	черна боровинка (ж)	[tʃérna borovínka]

97. Blumen. Pflanzen

| Blume (f) | цвете (с) | [tsvéte] |
| Blumenstrauß (m) | букет (м) | [bukét] |

Rose (f)	роза (ж)	[róza]
Tulpe (f)	лале (с)	[lalé]
Nelke (f)	карамфил (м)	[karamfíl]
Gladiole (f)	гладиола (ж)	[gladióla]

Kornblume (f)	метличина (ж)	[metlitʃína]
Glockenblume (f)	камбанка (ж)	[kambánka]
Löwenzahn (m)	глухарче (с)	[gluhártʃe]
Kamille (f)	лайка (ж)	[lájka]

Aloe (f)	алое (с)	[alóe]
Kaktus (m)	кактус (м)	[káktus]
Gummibaum (m)	фикус (м)	[fíkus]

Lilie (f)	лилиум (м)	[lílium]
Geranie (f)	мушкато (с)	[muʃkáto]
Hyazinthe (f)	зюмбюл (м)	[zʲúmbʲúl]

Mimose (f)	мимоза (ж)	[mimóza]
Narzisse (f)	нарцис (м)	[nartsís]
Kapuzinerkresse (f)	латинка (ж)	[latínka]

Orchidee (f)	орхидея (ж)	[orhidéja]
Pfingstrose (f)	божур (м)	[boʒúr]
Veilchen (n)	теменуга (ж)	[temenúga]

Stiefmütterchen (n)	трицветна теменуга (ж)	[tritsvétna temenúga]
Vergissmeinnicht (n)	незабравка (ж)	[nezabráfka]
Gänseblümchen (n)	маргаритка (ж)	[margarítka]

Mohn (m)	мак (м)	[mak]
Hanf (m)	коноп (м)	[konóp]
Minze (f)	мента (ж)	[ménta]

| Maiglöckchen (n) | момина сълза (ж) | [mómina səlzá] |
| Schneeglöckchen (n) | кокиче (c) | [kokítʃe] |

Brennnessel (f)	коприва (ж)	[kopríva]
Sauerampfer (m)	киселец (м)	[kíselets]
Seerose (f)	водна лилия (ж)	[vódna lílija]
Farn (m)	папрат (м)	[páprat]
Flechte (f)	лишей (м)	[líʃej]

Gewächshaus (n)	оранжерия (ж)	[oranʒérija]
Rasen (m)	тревна площ (ж)	[trévna ploʃt]
Blumenbeet (n)	цветна леха (ж)	[tsvétna lehá]

Pflanze (f)	растение (c)	[rasténie]
Gras (n)	трева (ж)	[trevá]
Grashalm (m)	тревичка (ж)	[trevítʃka]

Blatt (n)	лист (м)	[list]
Blütenblatt (n)	венчелистче (c)	[ventʃelísttʃe]
Stiel (m)	стъбло (c)	[stəbló]
Knolle (f)	грудка (ж)	[grútka]

| Jungpflanze (f) | кълн (м) | [kəln] |
| Dorn (m) | бодил (м) | [bodíl] |

blühen (vi)	цъфтя	[tsəftʲá]
welken (vi)	увяхвам	[uvʲáhvam]
Geruch (m)	мирис (м)	[míris]
abschneiden (vt)	отрежа	[otréʒa]
pflücken (vt)	откъсна	[otkə́sna]

98. Getreide, Körner

Getreide (n)	зърно (c)	[zə́rno]
Getreidepflanzen (pl)	житни култури (ж мн)	[ʒítni kultúri]
Ähre (f)	клас (м)	[klas]

Weizen (m)	пшеница (ж)	[pʃenítsa]
Roggen (m)	ръж (ж)	[rəʒ]
Hafer (m)	овес (м)	[ovés]
Hirse (f)	просо (c)	[prosó]
Gerste (f)	ечемик (м)	[etʃemík]

Mais (m)	царевица (ж)	[tsárevitsa]
Reis (m)	ориз (м)	[oríz]
Buchweizen (m)	елда (ж)	[élda]

Erbse (f)	грах (м)	[grah]
weiße Bohne (f)	фасул (м)	[fasúl]
Sojabohne (f)	соя (ж)	[sója]

| Linse (f) | **леща** (ж) | [léʃta] |
| Bohnen (pl) | **боб** (м) | [bop] |

T&P BOOKS

LÄNDER DER WELT

99. Länder. Teil 1
100. Länder. Teil 2
101. Länder. Teil 3

T&P Books Publishing

Afghanistan	Афганистан	[afganistán]
Ägypten	Египет	[egípet]
Albanien	Албания	[albánija]
Argentinien	Аржентина	[arʒentína]
Armenien	Армения	[arménija]
Aserbaidschan	Азербайджан	[azerbajdʒán]
Australien	Австралия	[afstrálija]
Bangladesch	Бангладеш	[bangladéʃ]
Belgien	Белгия	[bélgija]
Bolivien	Боливия	[bolívija]
Bosnien und Herzegowina	Босна и Херцеговина	[bósna i hertsegóvina]
Brasilien	Бразилия	[brazílija]
Bulgarien	България	[bəlgárija]
Chile	Чили	[tʃíli]
China	Китай	[kitáj]
Dänemark	Дания	[dánija]
Deutschland	Германия	[germánija]
Die Bahamas	Бахамски острови	[bahámski óstrovi]
Die Vereinigten Staaten	Съединени американски щати	[seedinéni amerikánski ʃtáti]
Dominikanische Republik	Доминиканска република	[dominikánska repúblika]
Ecuador	Еквадор	[ekvadór]
England	Англия	[ánglija]
Estland	Естония	[estónija]
Finnland	Финландия	[finlándija]
Frankreich	Франция	[frántsija]
Französisch-Polynesien	Френска Полинезия	[frénska polinézija]
Georgien	Грузия	[grúzija]
Ghana	Гана	[gána]
Griechenland	Гърция	[gértsija]
Großbritannien	Великобритания	[velikobritánija]
Haiti	Хаити	[haíti]
Indien	Индия	[índija]
Indonesien	Индонезия	[indonézija]
Irak	Ирак	[irák]
Iran	Иран	[irán]
Irland	Ирландия	[irlándija]
Island	Исландия	[islándija]

| Israel | **Израел** | [izráel] |
| Italien | **Италия** | [itálija] |

100. Länder. Teil 2

Jamaika	**Ямайка**	[jamájka]
Japan	**Япония**	[japónija]
Jordanien	**Йордания**	[jordánija]

Kambodscha	**Камбоджа**	[kambódʒa]
Kanada	**Канада**	[kanáda]
Kasachstan	**Казахстан**	[kazahstán]
Kenia	**Кения**	[kénija]
Kirgisien	**Киргизстан**	[kirgistán]
Kolumbien	**Колумбия**	[kolúmbija]
Kroatien	**Хърватия**	[hərvátija]

| Kuba | **Куба** | [kúba] |
| Kuwait | **Кувейт** | [kuvéjt] |

Laos	**Лаос**	[laós]
Lettland	**Латвия**	[látvija]
Libanon (m)	**Ливан**	[liván]
Libyen	**Либия**	[líbija]
Liechtenstein	**Лихтенщайн**	[líhtenʃtajn]

| Litauen | **Литва** | [lítva] |
| Luxemburg | **Люксембург** | [lʲúksemburg] |

Madagaskar	**Мадагаскар**	[madagaskár]
Makedonien	**Македония**	[makedónija]
Malaysia	**Малайзия**	[malájzija]
Malta	**Малта**	[máltə]
Marokko	**Мароко**	[maróko]
Mexiko	**Мексико**	[méksiko]
Moldawien	**Молдова**	[moldóva]
Monaco	**Монако**	[monáko]
Mongolei (f)	**Монголия**	[mongólija]

| Montenegro | **Черна гора** | [tʃérna gorá] |
| Myanmar | **Мянма** | [mʲánma] |

| Namibia | **Намибия** | [namíbija] |
| Nepal | **Непал** | [nepál] |

Neuseeland	**Нова Зеландия**	[nóva zelándija]
Niederlande (f)	**Нидерландия**	[niderlándija]
Nordkorea	**Северна Корея**	[séverna koréja]
Norwegen	**Норвегия**	[norvégija]
Österreich	**Австрия**	[áfstrija]

101. Länder. Teil 3

Pakistan	Пакистан	[pakistán]
Palästina	Палестинска автономия	[palestínska aftonómija]
Panama	Панама	[panáma]
Paraguay	Парагвай	[paragváj]
Peru	Перу	[perú]
Polen	Полша	[pólʃa]
Portugal	Португалия	[portugálija]
Republik Südafrika	Южноафриканска република	[juʒno·afrikánska repúblika]
Rumänien	Румъния	[ruménija]
Russland	Русия	[rusíja]
Sansibar	Занзибар	[zanzibár]
Saudi-Arabien	Саудитска Арабия	[saudítska arábija]
Schottland	Шотландия	[ʃotlándija]
Schweden	Швеция	[ʃvétsija]
Schweiz (f)	Швейцария	[ʃvejtsárija]
Senegal	Сенегал	[senegál]
Serbien	Сърбия	[sérbija]
Slowakei (f)	Словакия	[slovákija]
Slowenien	Словения	[slovénija]
Spanien	Испания	[ispánija]
Südkorea	Южна Корея	[júʒna koréja]
Suriname	Суринам	[surinám]
Syrien	Сирия	[sírija]
Tadschikistan	Таджикистан	[tadʒikistán]
Taiwan	Тайван	[tajván]
Tansania	Танзания	[tanzánija]
Tasmanien	Тасмания	[tasmánija]
Thailand	Тайланд	[tajlánt]
Tschechien	Чехия	[tʃéhija]
Tunesien	Тунис	[túnis]
Türkei (f)	Турция	[túrtsija]
Turkmenistan	Туркменистан	[turkmenistán]
Ukraine (f)	Украйна	[ukrájna]
Ungarn	Унгария	[ungárija]
Uruguay	Уругвай	[urugváj]
Usbekistan	Узбекистан	[uzbekistán]
Vatikan (m)	Ватикана	[vatikána]
Venezuela	Венецуела	[venetsuéla]
Vereinigten Arabischen Emirate	Обединени арабски емирства	[obedinéni arápski emírstva]
Vietnam	Виетнам	[vietnám]
Weißrussland	Беларус	[belarús]
Zypern	Кипър	[kípər]

GASTRONOMISCHES WÖRTERBUCH

Dieser Teil beinhaltet viele Wörter und Begriffe im Zusammenhang mit Lebensmitteln.
Dieses Wörterbuch wird es einfacher für Sie machen, um das Menü in einem Restaurant zu verstehen und die richtige Speise zu wählen

T&P Books Publishing

Deutsch-Bulgarisch gastronomisches wörterbuch

Deutsch	Bulgarisch	[Aussprache]
Ähre (f)	клас (м)	[klas]
Aal (m)	змиорка (ж)	[zmiórka]
Abendessen (n)	вечеря (ж)	[vetʃérʲa]
alkoholfrei	безалкохолен	[bezalkohólen]
alkoholfreies Getränk (n)	безалкохолна напитка (ж)	[bezalkohólna napítka]
Ananas (f)	ананас (м)	[ananás]
Anis (m)	анасон (м)	[anasón]
Aperitif (m)	аперитив (м)	[aperitív]
Apfel (m)	ябълка (ж)	[jábəlka]
Apfelsine (f)	портокал (м)	[portokál]
Appetit (m)	апетит (м)	[apetít]
Aprikose (f)	кайсия (ж)	[kajsíja]
Artischocke (f)	ангинар (м)	[anginár]
atlantische Lachs (m)	сьомга (ж)	[sʲómga]
Aubergine (f)	патладжан (м)	[patladʒán]
Auster (f)	стрида (ж)	[strída]
Avocado (f)	авокадо (с)	[avokádo]
Banane (f)	банан (м)	[banán]
Bar (f)	бар (м)	[bar]
Barmixer (m)	барман (м)	[bárman]
Barsch (m)	костур (м)	[kostúr]
Basilikum (n)	босилек (м)	[bosílek]
Beefsteak (n)	бифтек (м)	[bifték]
Beere (f)	горски плод (м)	[górski plot]
Beeren (pl)	горски плодове (м мн)	[górski plodové]
Beigeschmack (m)	привкус (м)	[prífkus]
Beilage (f)	гарнитура (ж)	[garnitúra]
belegtes Brot (n)	сандвич (м)	[sándvitʃ]
Bier (n)	бира (ж)	[bíra]
Birkenpilz (m)	брезова манатарка (ж)	[brézova manatárka]
Birne (f)	круша (ж)	[krúʃa]
bitter	горчив	[gortʃív]
Blumenkohl (m)	карфиол (м)	[karfiól]
Bohnen (pl)	боб (м)	[bop]
Bonbon (m, n)	бонбон (м)	[bonbón]
Brühe (f), Bouillon (f)	бульон (м)	[buljón]
Brachse (f)	платика (ж)	[platíka]
Brei (m)	каша (ж)	[káʃa]
Brokkoli (m)	броколи (с)	[brókoli]
Brombeere (f)	къпина (ж)	[kəpína]
Brot (n)	хляб (м)	[hlʲap]
Buchweizen (m)	елда (ж)	[élda]
Butter (f)	краве масло (с)	[kráve masló]

Buttercreme (f)	крем (м)	[krem]
Cappuccino (m)	кафе (c) със сметана	[kafé səs smetána]
Champagner (m)	шампанско (c)	[ʃampánsko]
Cocktail (m)	коктейл (м)	[koktéjl]
Dattel (f)	фурма (ж)	[furmá]
Diät (f)	диета (ж)	[diéta]
Dill (m)	копър (м)	[kópər]
Dorsch (m)	треска (ж)	[tréska]
Dosenöffner (m)	отварачка (ж)	[otvarátʃka]
Dunkelbier (n)	тъмна бира (ж)	[tómna bíra]
Ei (n)	яйце (c)	[jajtsé]
Eier (pl)	яйца (c мн)	[jajtsá]
Eigelb (n)	жълтък (м)	[ʒəlték]
Eis (n)	лед (м)	[let]
Eis (n)	сладолед (м)	[sladolét]
Eiweiß (n)	белтък (м)	[belték]
Ente (f)	патица (ж)	[pátitsa]
Erbse (f)	грах (м)	[grah]
Erdbeere (f)	ягода (ж)	[jágoda]
Erdnuss (f)	фъстък (м)	[fəsték]
Erfrischungsgetränk (n)	разхладителна напитка (ж)	[rashladítelna napítka]
essbarer Pilz (m)	ядлива гъба (ж)	[jadlíva géba]
Essen (n)	храна (ж)	[hraná]
Essig (m)	оцет (м)	[otsét]
Esslöffel (m)	супена лъжица (ж)	[súpena ləʒítsa]
Füllung (f)	плънка (ж)	[plénka]
Feige (f)	смокиня (ж)	[smokínʲa]
Fett (n)	мазнини (ж мн)	[maznín]
Fisch (m)	риба (ж)	[ríba]
Flaschenöffner (m)	отварачка (ж)	[otvarátʃka]
Fleisch (n)	месо (c)	[mesó]
Fliegenpilz (m)	мухоморка (ж)	[muhomórka]
Forelle (f)	пъстърва (ж)	[pəstérva]
Früchte (pl)	плодове (м мн)	[plodové]
Frühstück (n)	закуска (ж)	[zakúska]
frisch gepresster Saft (m)	фреш (м)	[freʃ]
Frucht (f)	плод (м)	[plot]
Gabel (f)	вилица (ж)	[vílitsa]
Gans (f)	гъска (ж)	[géska]
Garnele (f)	скарида (ж)	[skarída]
gebraten	пържен	[pérʒen]
gekocht	варен	[varén]
Gemüse (n)	зеленчуци (м мн)	[zelentʃútsi]
geräuchert	пушен	[púʃen]
Gericht (n)	ястие (c)	[jástie]
Gerste (f)	ечемик (м)	[etʃemík]
Geschmack (m)	вкус (м)	[fkus]
Getreide (n)	зърно (c)	[zérno]
Getreidepflanzen (pl)	житни култури (ж мн)	[ʒítni kultúri]
getrocknet	сушен	[suʃén]
Gewürz (n)	подправка (ж)	[podpráfka]

Gewürz (n)	подправка (ж)	[podpráfka]
Giftpilz (m)	отровна гъба (ж)	[otróvna géba]
Gin (m)	джин (м)	[dʒin]
Grüner Knollenblätterpilz (m)	зелена мухоморка (ж)	[zeléna muhómorka]
grüner Tee (m)	зелен чай (м)	[zelén ʧaj]
grünes Gemüse (pl)	зарзават (м)	[zarzavát]
Grütze (f)	грис, булгур (м)	[gris], [bulgúr]
Granatapfel (m)	нар (м)	[nar]
Grapefruit (f)	грейпфрут (м)	[gréjpfrut]
Gurke (f)	краставица (ж)	[krástavitsa]
Guten Appetit!	Добър апетит!	[dobér apetít]
Hühnerfleisch (n)	кокошка (ж)	[kokóʃka]
Hackfleisch (n)	кайма (ж)	[kajmá]
Hafer (m)	овес (м)	[ovés]
Hai (m)	акула (ж)	[akúla]
Hamburger (m)	хамбургер (м)	[hámburger]
Hammelfleisch (n)	агнешко (с)	[ágneʃko]
Haselnuss (f)	лешник (м)	[léʃnik]
Hecht (m)	щука (ж)	[ʃtúka]
heiß	горещ	[goréʃt]
Heidelbeere (f)	боровинки (ж мн)	[borovínki]
Heilbutt (m)	палтус (м)	[páltus]
Helles (n)	светла бира (ж)	[svétla bíra]
Hering (m)	селда (ж)	[sélda]
Himbeere (f)	малина (ж)	[malína]
Hirse (f)	просо (с)	[prosó]
Honig (m)	мед (м)	[met]
Ingwer (m)	джинджифил (м)	[dʒindʒifíl]
Joghurt (m, f)	йогурт (м)	[jógurt]
Käse (m)	кашкавал (м)	[kaʃkavál]
Küche (f)	кухня (ж)	[kúhnʲa]
Kümmel (m)	черен тмин (м)	[ʧéren tmin]
Kürbis (m)	тиква (ж)	[tíkva]
Kaffee (m)	кафе (с)	[kafé]
Kalbfleisch (n)	телешко месо (с)	[téleʃko mesó]
Kalmar (m)	калмар (м)	[kalmár]
Kalorie (f)	калория (ж)	[kalórija]
kalt	студен	[studén]
Kaninchenfleisch (n)	питомен заек (м)	[pítomen záek]
Karotte (f)	морков (м)	[mórkof]
Karpfen (m)	шаран (м)	[ʃarán]
Kartoffel (f)	картофи (мн)	[kartófi]
Kartoffelpüree (n)	картофено пюре (с)	[kartófeno pʲuré]
Kaugummi (m, n)	дъвка (ж)	[défka]
Kaviar (m)	хайвер (м)	[hajvér]
Keks (m, n)	бисквити (ж мн)	[biskvíti]
Kellner (m)	сервитьор (м)	[servitʲór]
Kellnerin (f)	сервитьорка (ж)	[servitʲórka]
Kiwi, Kiwifrucht (f)	киви (с)	[kívi]
Knoblauch (m)	чесън (м)	[ʧésən]
Kognak (m)	коняк (м)	[konʲák]

Kohl (m)	зеле (c)	[zéle]
Kohlenhydrat (n)	въглехидрати (м мн)	[vəglehidráti]
Kokosnuss (f)	кокосов орех (м)	[kokósov óreh]
Kondensmilch (f)	сгъстено мляко (c)	[sgəsténo mlʲáko]
Konditorwaren (pl)	сладкарски изделия (c мн)	[slatkárski izdélija]
Konfitüre (f)	сладко (c)	[slátko]
Konserven (pl)	консерви (ж мн)	[konsérvi]
Kopf Salat (m)	салата (ж)	[saláta]
Koriander (m)	кориандър (м)	[koriándər]
Korkenzieher (m)	тирбушон (м)	[tirbuʃón]
Krümel (m)	троха (ж)	[trohá]
Krabbe (f)	морски рак (м)	[mórski rak]
Kuchen (m)	паста (ж)	[pásta]
Kuchen (m)	пирог (м)	[pirók]
Löffel (m)	лъжица (ж)	[ləʒítsa]
Lachs (m)	сьомга (ж)	[sʲómga]
Languste (f)	лангуста (ж)	[langústa]
Leber (f)	черен дроб (м)	[tʃéren drop]
lecker	вкусен	[fkúsen]
Likör (m)	ликьор (м)	[likʲór]
Limonade (f)	лимонада (ж)	[limonáda]
Linse (f)	леща (ж)	[léʃta]
Lorbeerblatt (n)	дафинов лист (м)	[dafínov list]
Mais (m)	царевица (ж)	[tsárevitsa]
Mais (m)	царевица (ж)	[tsárevitsa]
Maisflocken (pl)	царевичен флейкс (м)	[tsárevitʃen flejks]
Makrele (f)	скумрия (ж)	[skumríja]
Mandarine (f)	мандарина (ж)	[mandarína]
Mandel (f)	бадем (м)	[badém]
Mango (f)	манго (c)	[mángo]
Margarine (f)	маргарин (м)	[margarín]
mariniert	маринован	[marinóvan]
Marmelade (f)	конфитюр (м)	[konfitʲúr]
Marmelade (f)	мармалад (м)	[marmalát]
Mayonnaise (f)	майонеза (ж)	[majonéza]
Meeresfrüchte (pl)	морски продукти (м мн)	[mórski prodúkti]
Meerrettich (m)	хрян (м)	[hrʲan]
Mehl (n)	брашно (c)	[braʃnó]
Melone (f)	пъпеш (м)	[pəpeʃ]
Messer (n)	нож (м)	[noʒ]
Milch (f)	мляко (c)	[mlʲáko]
Milchcocktail (m)	млечен коктейл (м)	[mlétʃen koktéjl]
Milchkaffee (m)	кафе (c) с мляко	[kafé s mlʲáko]
Mineralwasser (n)	минерална вода (ж)	[minerálna vodá]
mit Eis	с лед	[s let]
mit Gas	газирана	[gazíran]
mit Kohlensäure	газирана	[gazíran]
Mittagessen (n)	обяд (м)	[obʲát]
Moosbeere (f)	клюква (ж)	[klʲúkva]
Morchel (f)	пумпалка (ж)	[púmpalka]
Nachtisch (m)	десерт (м)	[desért]

Nelke (f)	карамфил (м)	[karamfíl]
Nudeln (pl)	юфка (ж)	[jufká]
Oliven (pl)	маслини (ж мн)	[maslíni]
Olivenöl (n)	зехтин (м)	[zehtín]
Omelett (n)	омлет (м)	[omlét]
Orangensaft (m)	портокалов сок (м)	[portokálov sok]
Papaya (f)	папая (ж)	[papája]
Paprika (m)	пипер (м)	[pipér]
Paprika (m)	червен пипер (м)	[tʃervén pipér]
Pastete (f)	пастет (м)	[pastét]
Petersilie (f)	магданоз (м)	[magdanóz]
Pfifferling (m)	пачи крак (м)	[pátʃi krak]
Pfirsich (m)	праскова (ж)	[práskova]
Pflanzenöl (n)	олио (c)	[ólio]
Pflaume (f)	слива (ж)	[slíva]
Pilz (m)	гъба (ж)	[gǝba]
Pistazien (pl)	шамфъстъци (м мн)	[ʃamfǝstétsi]
Pizza (f)	пица (ж)	[pítsa]
Portion (f)	порция (ж)	[pórtsija]
Preiselbeere (f)	червена боровинка (ж)	[tʃervéna borovínka]
Protein (n)	белтъчини (ж мн)	[beltǝtʃíni]
Pulverkaffee (m)	разтворимо кафе (c)	[rastvorímo kafé]
Pute (f)	пуйка (ж)	[pújka]
Räucherschinken (m)	бут (м)	[but]
Rübe (f)	ряпа (ж)	[rʲápa]
Radieschen (n)	репичка (ж)	[répitʃka]
Rechnung (f)	сметка (ж)	[smétka]
Reis (m)	ориз (м)	[oríz]
Rezept (n)	рецепта (ж)	[retsépta]
Rindfleisch (n)	говеждо (c)	[govéʒdo]
Roggen (m)	ръж (ж)	[rǝʒ]
Rosenkohl (m)	брюкселско зеле (c)	[brúkselsko zéle]
Rosinen (pl)	стафиди (ж мн)	[stafídi]
Rote Bete (f)	цвекло (c)	[tsvekló]
rote Johannisbeere (f)	червено френско грозде (c)	[tʃervéno frénsko grózde]
roter Pfeffer (m)	червен пипер (м)	[tʃervén pipér]
Rotkappe (f)	червена брезовка (ж)	[tʃervéna brézofka]
Rotwein (m)	червено вино (c)	[tʃervéno víno]
Rum (m)	ром (м)	[rom]
süß	сладък	[sládǝk]
Süßkirsche (f)	череша (ж)	[tʃeréʃa]
Safran (m)	шафран (м)	[ʃafrán]
Saft (m)	сок (м)	[sok]
Sahne (f)	каймак (м)	[kajmák]
Salat (m)	салата (ж)	[saláta]
Salz (n)	сол (ж)	[sol]
salzig	солен	[solén]
Sardine (f)	сардина (ж)	[sardína]
Sauerkirsche (f)	вишна (ж)	[víʃna]
saure Sahne (f)	сметана (ж)	[smetána]
Schale (f)	кожа (ж)	[kóʒa]

Scheibchen (n)	резенче (с)	[rézentʃe]
Schinken (m)	шунка (ж)	[ʃúnka]
Schinkenspeck (m)	бекон (м)	[bekón]
Schokolade (f)	шоколад (м)	[ʃokolát]
Schokoladen-	шоколадов	[ʃokoládov]
Scholle (f)	калкан (м)	[kalkán]
schwarze Johannisbeere (f)	черно френско грозде (с)	[tʃérno frénsko grózde]
schwarzer Kaffee (m)	черно кафе (с)	[tʃérno kafé]
schwarzer Pfeffer (m)	черен пипер (м)	[tʃéren pipér]
schwarzer Tee (m)	черен чай (м)	[tʃéren tʃaj]
Schweinefleisch (n)	свинско (с)	[svínsko]
Sellerie (m)	целина (ж)	[tsélina]
Senf (m)	горчица (ж)	[gortʃítsa]
Sesam (m)	сусам (м)	[susám]
Soße (f)	сос (м)	[sos]
Sojabohne (f)	соя (ж)	[sója]
Sonnenblumenöl (n)	слънчогледово масло (с)	[sləntʃoglédovo máslo]
Spaghetti (pl)	спагети (мн)	[spagéti]
Spargel (m)	аспержа (ж)	[aspérʒa]
Speisekarte (f)	меню (с)	[menʲú]
Spiegelei (n)	пържени яйца (с мн)	[pərʒeni jajtsá]
Spinat (m)	спанак (м)	[spanák]
Spirituosen (pl)	спиртни напитки (ж мн)	[spírtni napítki]
Störfleisch (n)	есетра (ж)	[esétra]
Stück (n)	парче (с)	[partʃé]
Stachelbeere (f)	цариградско грозде (с)	[tsarigrátsko grózde]
Steinpilz (m)	манатарка (ж)	[manatárka]
still	негазирана	[negazíran]
Suppe (f)	супа (ж)	[súpa]
Täubling (m)	гълъбка (ж)	[gələpka]
Tasse (f)	чаша (ж)	[tʃáʃa]
Tee (m)	чай (м)	[tʃaj]
Teelöffel (m)	чаена лъжица (ж)	[tʃáena ləʒítsa]
Teigwaren (pl)	макарони (мн)	[makaróni]
Teller (m)	чиния (ж)	[tʃiníja]
tiefgekühlt	замразен	[zamrazén]
Tomate (f)	домат (м)	[domát]
Tomatensaft (m)	доматен сок (м)	[domáten sok]
Torte (f)	торта (ж)	[tórta]
Trinkgeld (n)	бакшиш (м)	[bakʃíʃ]
Trinkwasser (n)	питейна вода (ж)	[pitéjna vodá]
Tunfisch (m)	риба тон (м)	[ríba ton]
Untertasse (f)	чинийка (ж)	[tʃiníjka]
Vegetarier (m)	вегетарианец (м)	[vegetariánets]
vegetarisch	вегетариански	[vegetariánski]
Vitamin (n)	витамин (м)	[vitamín]
Vorspeise (f)	мезе (с)	[mezé]
Würstchen (n)	кренвирш (м)	[krénvirʃ]
Waffeln (pl)	вафли (ж мн)	[váfli]
Walderdbeere (f)	горска ягода (ж)	[górska jágoda]

Walnuss (f)	орех (м)	[óreh]
Wasser (n)	вода (ж)	[vodá]
Wasserglas (n)	стакан (м)	[stakán]
Wassermelone (f)	диня (ж)	[dínʲa]
weiße Bohne (f)	фасул (м)	[fasúl]
Weißwein (m)	бяло вино (с)	[bʲálo víno]
Wein (m)	вино (с)	[víno]
Weinglas (n)	чаша (ж) за вино	[tʃáʃa za víno]
Weinkarte (f)	карта (ж) на виното	[kárta na vínoto]
Weintrauben (pl)	грозде (с)	[grózde]
Weizen (m)	пшеница (ж)	[pʃenítsa]
Wels (m)	сом (м)	[som]
Wermut (m)	вермут (м)	[vermút]
Whisky (m)	уиски (с)	[wíski]
Wild (n)	дивеч (ж)	[dívetʃ]
Wodka (m)	водка (ж)	[vótka]
Wurst (f)	салам (м)	[salám]
Zahnstocher (m)	клечка (ж) за зъби	[klétʃka za zébi]
Zander (m)	бяла риба (ж)	[bʲála ríba]
Zimt (m)	канела (ж)	[kanéla]
Zitrone (f)	лимон (м)	[limón]
Zucchini (f)	тиквичка (ж)	[tíkvitʃka]
Zucker (m)	захар (ж)	[záhar]
Zunge (f)	език (м)	[ezík]
Zwiebel (f)	лук (м)	[luk]

авокадо (c)	[avokádo]	Avocado (f)
агнешко (c)	[ágneʃko]	Hammelfleisch (n)
акула (ж)	[akúla]	Hai (m)
ананас (м)	[ananás]	Ananas (f)
анасон (м)	[anasón]	Anis (m)
ангинар (м)	[anginár]	Artischocke (f)
аперитив (м)	[aperitív]	Aperitif (m)
апетит (м)	[apetít]	Appetit (m)
аспержа (ж)	[aspérʒa]	Spargel (m)
бадем (м)	[badém]	Mandel (f)
бакшиш (м)	[bakʃíʃ]	Trinkgeld (n)
банан (м)	[banán]	Banane (f)
бар (м)	[bar]	Bar (f)
барман (м)	[bárman]	Barmixer (m)
безалкохолен	[bezalkohólen]	alkoholfrei
безалкохолна напитка (ж)	[bezalkohólna napítka]	alkoholfreies Getränk (n)
бекон (м)	[bekón]	Schinkenspeck (m)
белтък (м)	[belték]	Eiweiß (n)
белтъчини (ж мн)	[beltətʃiní]	Protein (n)
бира (ж)	[bíra]	Bier (n)
бисквити (ж мн)	[biskvíti]	Keks (m, n)
бифтек (м)	[bifték]	Beefsteak (n)
боб (м)	[bop]	Bohnen (pl)
бонбон (м)	[bonbón]	Bonbon (m, n)
боровинки (ж мн)	[borovínki]	Heidelbeere (f)
босилек (м)	[bosílek]	Basilikum (n)
брашно (c)	[braʃnó]	Mehl (n)
брезова манатарка (ж)	[brézova manatárka]	Birkenpilz (m)
броколи (c)	[brókoli]	Brokkoli (m)
брюкселско зеле (c)	[brʲúkselsko zéle]	Rosenkohl (m)
бульон (м)	[buljón]	Brühe (f), Bouillon (f)
бут (м)	[but]	Räucherschinken (m)
бяла риба (ж)	[bʲála ríba]	Zander (m)
бяло вино (c)	[bʲálo víno]	Weißwein (m)
варен	[varén]	gekocht
вафли (ж мн)	[váfli]	Waffeln (pl)
вегетарианец (м)	[vegetariánets]	Vegetarier (m)
вегетариански	[vegetariánski]	vegetarisch
вермут (м)	[vermút]	Wermut (m)
вечеря (ж)	[vetʃérʲa]	Abendessen (n)
вилица (ж)	[vílitsa]	Gabel (f)
вино (c)	[víno]	Wein (m)
витамин (м)	[vitamín]	Vitamin (n)

вишна (ж)	[víʃna]	Sauerkirsche (f)
вкус (м)	[fkus]	Geschmack (m)
вкусен	[fkúsen]	lecker
вода (ж)	[vodá]	Wasser (n)
водка (ж)	[vótka]	Wodka (m)
въглехидрати (м мн)	[vəglehidráti]	Kohlenhydrat (n)
газирана	[gazíran]	mit Kohlensäure
газирана	[gazíran]	mit Gas
гарнитура (ж)	[garnitúra]	Beilage (f)
говеждо (с)	[govéʒdo]	Rindfleisch (n)
горещ	[goréʃt]	heiß
горска ягода (ж)	[górska jágoda]	Walderdbeere (f)
горски плод (м)	[górski plot]	Beere (f)
горски плодове (м мн)	[górski plodové]	Beeren (pl)
горчив	[gortʃív]	bitter
горчица (ж)	[gortʃítsa]	Senf (m)
грах (м)	[grah]	Erbse (f)
грейпфрут (м)	[gréjpfrut]	Grapefruit (f)
грис, булгур (м)	[gris], [bulgúr]	Grütze (f)
грозде (с)	[grózde]	Weintrauben (pl)
гъба (ж)	[gə́ba]	Pilz (m)
гълъбка (ж)	[gə́ləpka]	Täubling (m)
гъска (ж)	[gə́ska]	Gans (f)
дафинов лист (м)	[dafínov list]	Lorbeerblatt (n)
десерт (м)	[desért]	Nachtisch (m)
джин (м)	[dʒin]	Gin (m)
джинджифил (м)	[dʒindʒifíl]	Ingwer (m)
дивеч (ж)	[dívetʃ]	Wild (n)
диета (ж)	[diéta]	Diät (f)
диня (ж)	[dínʲa]	Wassermelone (f)
Добър апетит!	[dobér apetít]	Guten Appetit!
домат (м)	[domát]	Tomate (f)
доматен сок (м)	[domáten sok]	Tomatensaft (m)
дъвка (ж)	[də́fka]	Kaugummi (m, n)
език (м)	[ezík]	Zunge (f)
елда (ж)	[élda]	Buchweizen (m)
есетра (ж)	[esétra]	Störfleisch (n)
ечемик (м)	[etʃemík]	Gerste (f)
житни култури (ж мн)	[ʒítni kultúri]	Getreidepflanzen (pl)
жълтък (м)	[ʒəlték]	Eigelb (n)
закуска (ж)	[zakúska]	Frühstück (n)
замразен	[zamrazén]	tiefgekühlt
зарзават (м)	[zarzavát]	grünes Gemüse (pl)
захар (ж)	[záhar]	Zucker (m)
зеле (с)	[zéle]	Kohl (m)
зелен чай (м)	[zelén tʃaj]	grüner Tee (m)
зелена мухоморка (ж)	[zeléna muhómorka]	Grüner Knollenblätterpilz (m)
зеленчуци (м мн)	[zelentʃútsi]	Gemüse (n)
зехтин (м)	[zehtín]	Olivenöl (n)
змиорка (ж)	[zmiórka]	Aal (m)
зърно (с)	[zérno]	Getreide (n)

йогурт (м)	[jógurt]	Joghurt (m, f)
кайма (ж)	[kajmá]	Hackfleisch (n)
каймак (м)	[kajmák]	Sahne (f)
кайсия (ж)	[kajsíja]	Aprikose (f)
калкан (м)	[kalkán]	Scholle (f)
калмар (м)	[kalmár]	Kalmar (m)
калория (ж)	[kalórija]	Kalorie (f)
канела (ж)	[kanéla]	Zimt (m)
карамфил (м)	[karamfíl]	Nelke (f)
карта (ж) на виното	[kárta na vínoto]	Weinkarte (f)
картофено пюре (с)	[kartófeno pʲuré]	Kartoffelpüree (n)
картофи (мн)	[kartófi]	Kartoffel (f)
карфиол (м)	[karfiól]	Blumenkohl (m)
кафе (с)	[kafé]	Kaffee (m)
кафе (с) с мляко	[kafé s mlʲáko]	Milchkaffee (m)
кафе (с) със сметана	[kafé səs smetána]	Cappuccino (m)
каша (ж)	[káʃa]	Brei (m)
кашкавал (м)	[kaʃkavál]	Käse (m)
киви (с)	[kívi]	Kiwi, Kiwifrucht (f)
клас (м)	[klas]	Ähre (f)
клечка (ж) за зъби	[klétʃka za zébi]	Zahnstocher (m)
клюква (ж)	[klʲúkva]	Moosbeere (f)
кожа (ж)	[kóʒa]	Schale (f)
кокосов орех (м)	[kokósov óreh]	Kokosnuss (f)
кокошка (ж)	[kokóʃka]	Hühnerfleisch (n)
коктейл (м)	[koktéjl]	Cocktail (m)
консерви (ж мн)	[konsérvi]	Konserven (pl)
конфитюр (м)	[konfitʲúr]	Marmelade (f)
коняк (м)	[konʲák]	Kognak (m)
копър (м)	[kópər]	Dill (m)
кориандър (м)	[koriándər]	Koriander (m)
костур (м)	[kostúr]	Barsch (m)
краве масло (с)	[kráve masló]	Butter (f)
краставица (ж)	[krástəvitsa]	Gurke (f)
крем (м)	[krem]	Buttercrome (f)
кренвирш (м)	[krénvirʃ]	Würstchen (n)
круша (ж)	[krúʃa]	Birne (f)
кухня (ж)	[kúhnʲa]	Küche (f)
къпина (ж)	[kəpína]	Brombeere (f)
лангуста (ж)	[langústa]	Languste (f)
лед (м)	[let]	Eis (n)
лешник (м)	[léʃnik]	Haselnuss (f)
леща (ж)	[léʃta]	Linse (f)
ликьор (м)	[likʲór]	Likör (m)
лимон (м)	[limón]	Zitrone (f)
лимонада (ж)	[limonáda]	Limonade (f)
лук (м)	[luk]	Zwiebel (f)
пъжица (ж)	[ləʒítsa]	Löffel (m)
магданоз (м)	[maqdanóz]	Petersilie (f)
мазнини (ж мн)	[mazniní]	Fett (n)
майонеза (ж)	[majonéza]	Mayonnaise (f)
макарони (мн)	[makaróni]	Teigwaren (pl)

малина (ж)	[malína]	Himbeere (f)
манатарка (ж)	[manatárka]	Steinpilz (m)
манго (с)	[mángo]	Mango (f)
мандарина (ж)	[mandarína]	Mandarine (f)
маргарин (м)	[margarín]	Margarine (f)
маринован	[marinóvan]	mariniert
мармалад (м)	[marmalát]	Marmelade (f)
маслини (ж мн)	[maslíni]	Oliven (pl)
мед (м)	[met]	Honig (m)
мезе (с)	[mezé]	Vorspeise (f)
меню (с)	[menʲú]	Speisekarte (f)
месо (с)	[mesó]	Fleisch (n)
минерална вода (ж)	[minerálna vodá]	Mineralwasser (n)
млечен коктейл (м)	[mléʧen koktéjl]	Milchcocktail (m)
мляко (с)	[mlʲáko]	Milch (f)
морков (м)	[mórkof]	Karotte (f)
морски продукти (м мн)	[mórski prodúkti]	Meeresfrüchte (pl)
морски рак (м)	[mórski rak]	Krabbe (f)
мухоморка (ж)	[muhomórka]	Fliegenpilz (m)
нар (м)	[nar]	Granatapfel (m)
негазирана	[negazíran]	still
нож (м)	[noʒ]	Messer (n)
обяд (м)	[obʲát]	Mittagessen (n)
овес (м)	[ovés]	Hafer (m)
олио (с)	[ólio]	Pflanzenöl (n)
омлет (м)	[omlét]	Omelett (n)
орех (м)	[óreh]	Walnuss (f)
ориз (м)	[oríz]	Reis (m)
отварачка (ж)	[otvaráʧka]	Flaschenöffner (m)
отварачка (ж)	[otvaráʧka]	Dosenöffner (m)
отровна гъба (ж)	[otróvna gəba]	Giftpilz (m)
оцет (м)	[otsét]	Essig (m)
палтус (м)	[páltus]	Heilbutt (m)
папая (ж)	[papája]	Papaya (f)
парче (с)	[parʧé]	Stück (n)
паста (ж)	[pásta]	Kuchen (m)
пастет (м)	[pastét]	Pastete (f)
патица (ж)	[pátitsa]	Ente (f)
патладжан (м)	[patladʒán]	Aubergine (f)
пачи крак (м)	[páʧi krak]	Pfifferling (m)
пипер (м)	[pipér]	Paprika (m)
пирог (м)	[pirók]	Kuchen (m)
питейна вода (ж)	[pitéjna vodá]	Trinkwasser (n)
питомен заек (м)	[pítomen záek]	Kaninchenfleisch (n)
пица (ж)	[pítsa]	Pizza (f)
платика (ж)	[platíka]	Brachse (f)
плод (м)	[plot]	Frucht (f)
плодове (м мн)	[plodové]	Früchte (pl)
плънка (ж)	[plənka]	Füllung (f)
подправка (ж)	[podpráfka]	Gewürz (n)
подправка (ж)	[podráfka]	Gewürz (n)
портокал (м)	[portokál]	Apfelsine (f)

портокалов сок (м)	[portokálov sok]	Orangensaft (m)
порция (ж)	[pórtsija]	Portion (f)
праскова (ж)	[práskova]	Pfirsich (m)
привкус (м)	[prífkus]	Beigeschmack (m)
просо (с)	[prosó]	Hirse (f)
пуйка (ж)	[pújka]	Pute (f)
пумпалка (ж)	[púmpalka]	Morchel (f)
пушен	[púʃen]	geräuchert
пшеница (ж)	[pʃenítsa]	Weizen (m)
пъпеш (м)	[pápeʃ]	Melone (f)
пържен	[pérʒen]	gebraten
пържени яйца (с мн)	[pérʒeni jajtsá]	Spiegelei (n)
пъстърва (ж)	[pəstérva]	Forelle (f)
разтворимо кафе (с)	[rastvorímo kafé]	Pulverkaffee (m)
разхладителна напитка (ж)	[rashladítelna napítka]	Erfrischungsgetränk (n)
резенче (с)	[rézentʃe]	Scheibchen (n)
репичка (ж)	[répitʃka]	Radieschen (n)
рецепта (ж)	[retsépta]	Rezept (n)
риба (ж)	[ríba]	Fisch (m)
риба тон (м)	[ríba ton]	Tunfisch (m)
ром (м)	[rom]	Rum (m)
ръж (ж)	[rəʒ]	Roggen (m)
ряпа (ж)	[rʲápa]	Rübe (f)
с лед	[s let]	mit Eis
салам (м)	[salám]	Wurst (f)
салата (ж)	[saláta]	Kopf Salat (m)
салата (ж)	[saláta]	Salat (m)
сандвич (м)	[sándvitʃ]	belegtes Brot (n)
сардина (ж)	[sardína]	Sardine (f)
светла бира (ж)	[svétla bíra]	Helles (n)
свинско (с)	[svínsko]	Schweinefleisch (n)
сгъстено мляко (с)	[sgəsteno mlʲáko]	Kondensmilch (f)
селда (ж)	[sélʲda]	Hering (m)
сервитьор (м)	[servitʲórʲ]	Kellner (m)
сервитьорка (ж)	[servitʲórka]	Kellnerin (f)
скарида (ж)	[skarída]	Garnele (f)
скумрия (ж)	[skumríja]	Makrele (f)
сладкарски изделия (с мн)	[slatkárski izdélija]	Konditorwaren (pl)
сладко (с)	[slátko]	Konfitüre (f)
сладолед (м)	[sladolét]	Eis (n)
сладък	[sládək]	süß
слива (ж)	[slíva]	Pflaume (f)
слънчогледово масло (с)	[sləntʃoglédovo máslo]	Sonnenblumenöl (n)
сметана (ж)	[smetána]	saure Sahne (f)
сметка (ж)	[smétka]	Rechnung (f)
смокиня (ж)	[smokínʲa]	Feige (f)
сок (м)	[sok]	Saft (m)
сол (ж)	[sol]	Salz (n)
солен	[solén]	salzig

сом (м)	[som]	Wels (m)
сос (м)	[sos]	Soße (f)
соя (ж)	[sója]	Sojabohne (f)
спагети (мн)	[spagéti]	Spaghetti (pl)
спанак (м)	[spanák]	Spinat (m)
спиртни напитки (ж мн)	[spírtni napítki]	Spirituosen (pl)
стакан (м)	[stakán]	Wasserglas (n)
стафиди (ж мн)	[stafídi]	Rosinen (pl)
стрида (ж)	[strída]	Auster (f)
студен	[studén]	kalt
супа (ж)	[súpa]	Suppe (f)
супена лъжица (ж)	[súpena ləʒítsa]	Esslöffel (m)
сусам (м)	[susám]	Sesam (m)
сушен	[suʃén]	getrocknet
сьомга (ж)	[sʲómga]	Lachs (m)
сьомга (ж)	[sʲómga]	atlantische Lachs (m)
телешко месо (с)	[téleʃko mesó]	Kalbfleisch (n)
тиква (ж)	[tíkva]	Kürbis (m)
тиквичка (ж)	[tíkviʧka]	Zucchini (f)
тирбушон (м)	[tirbuʃón]	Korkenzieher (m)
торта (ж)	[tórta]	Torte (f)
треска (ж)	[tréska]	Dorsch (m)
троха (ж)	[trohá]	Krümel (m)
тъмна бира (ж)	[témna bíra]	Dunkelbier (n)
уиски (с)	[wíski]	Whisky (m)
фасул (м)	[fasúl]	weiße Bohne (f)
фреш (м)	[freʃ]	frisch gepresster Saft (m)
фурма (ж)	[furmá]	Dattel (f)
фъстък (м)	[fəsték]	Erdnuss (f)
хайвер (м)	[hajvér]	Kaviar (m)
хамбургер (м)	[hámburger]	Hamburger (m)
хляб (м)	[hlʲap]	Brot (n)
храна (ж)	[hraná]	Essen (n)
хрян (м)	[hrʲan]	Meerrettich (m)
царевица (ж)	[tsárevitsa]	Mais (m)
царевица (ж)	[tsárevitsa]	Mais (m)
царевичен флейкс (м)	[tsárevitʃen flejks]	Maisflocken (pl)
цариградско грозде (с)	[tsarigrátsko grózde]	Stachelbeere (f)
цвекло (с)	[tsveklό]	Rote Bete (f)
целина (ж)	[tsélina]	Sellerie (m)
чаена лъжица (ж)	[ʧáena ləʒítsa]	Teelöffel (m)
чай (м)	[ʧaj]	Tee (m)
чаша (ж)	[ʧáʃa]	Tasse (f)
чаша (ж) за вино	[ʧáʃa za víno]	Weinglas (n)
червен пипер (м)	[ʧervén pipér]	roter Pfeffer (m)
червен пипер (м)	[ʧervén pipér]	Paprika (m)
червена боровинка (ж)	[ʧervéna borovínka]	Preiselbeere (f)
червена брезовка (ж)	[ʧervéna brézofka]	Rotkappe (f)
червено вино (с)	[ʧervéno víno]	Rotwein (m)
червено френско грозде (с)	[ʧervéno frénsko grózde]	rote Johannisbeere (f)
черен дроб (м)	[ʧéren drop]	Leber (f)

черен пипер (м)	[ʧéren pipér]	schwarzer Pfeffer (m)
черен тмин (м)	[ʧéren tmin]	Kümmel (m)
черен чай (м)	[ʧéren ʧaj]	schwarzer Tee (m)
череша (ж)	[ʧeréʃa]	Süßkirsche (f)
черно кафе (с)	[ʧérno kafé]	schwarzer Kaffee (m)
черно френско	[ʧérno frénsko	schwarze
грозде (с)	grózde]	Johannisbeere (f)
чесън (м)	[ʧésən]	Knoblauch (m)
чинийка (ж)	[ʧiníjka]	Untertasse (f)
чиния (ж)	[ʧiníja]	Teller (m)
шампанско (с)	[ʃampánsko]	Champagner (m)
шамфъстъци (м мн)	[ʃamfəstétsi]	Pistazien (pl)
шаран (м)	[ʃarán]	Karpfen (m)
шафран (м)	[ʃafrán]	Safran (m)
шоколад (м)	[ʃokolát]	Schokolade (f)
шоколадов	[ʃokoládov]	Schokoladen-
шунка (ж)	[ʃúnka]	Schinken (m)
щука (ж)	[ʃtúka]	Hecht (m)
юфка (ж)	[jufká]	Nudeln (pl)
ябълка (ж)	[jábəlka]	Apfel (m)
ягода (ж)	[jágoda]	Erdbeere (f)
ядлива гъба (ж)	[jadlíva géba]	essbarer Pilz (m)
яйца (с мн)	[jajtsá]	Eier (pl)
яйце (с)	[jajtsé]	Ei (n)
ястие (с)	[jástie]	Gericht (n)

www.ingramcontent.com/pod-product-compliance
Lightning Source LLC
La Vergne TN
LVHW022315080426
835509LV00037B/3056